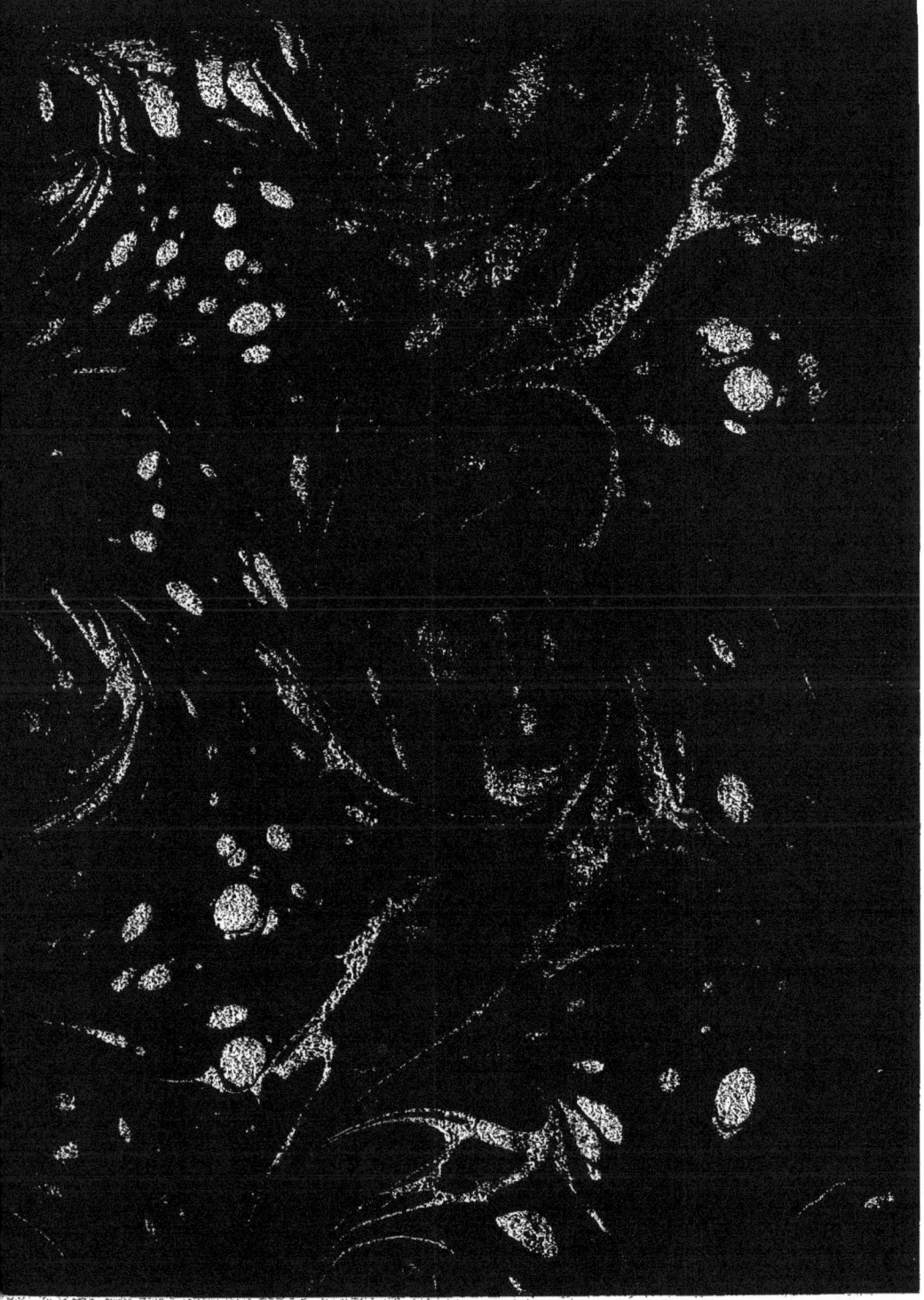

H. 5794

Cat: de Lyon N° 22489.
double ch. à vendre

RECVEIL

TIRE' DES REGISTRES
DE LA COVR
DE PARLEMENT.

CONTENANT CE QVI S'EST PASSE'
concernant les Troubles qui commencerent en l'an 1588.

Et ce qui fut fait en l'an 1594. en la pacification d'iceux.

Pour seruir au Temps present.

A PARIS,
Chez AVGVSTIN COVRBE', au Palais,
en la Gallerie des Merciers, à la Palme.

M. DC. LII.

AV LECTEVR.

AMY Lecteur, apres auoir faict vne longue reflexion sur les affaires presentes, & sur ce que ie pouuois contribuer en mon particulier au bien & à l'vtilité de ma Patrie, pendant les tempestes dont elle est agittée; j'ay consideré que les choses passées sont de veritables lumieres qui éclairent les Esprits pour les faire penetrer dans la nuict de l'aduenir. Et comme il y a beaucoup de circonstances en ce temps ausquelles on peut comparer ce qui fut fait sur la fin du siecle passé, & que les moyens qui furent trouuez en 1594. pour terminer les guerres dont ce Royaume auoit esté long-temps affligé, & qui eurent pour fondement la Declaration du Roy de l'an 1588. peuuent seruir d'exemple pour sortir heureusement des presens troubles, qui semblent auoir esté fondez sur les Declarations des années dernieres; J'ay pensé qu'il ne seroit pas mal à propos de detacher la piece que ie te donne d'vn trauail auquel j'ay employé beaucoup d'années pour fidellement extraire des Registres du Parlement toutes les Deliberations, Arrests, & autres Actes importans concernans les affaires publiques & aucunes particulieres, depuis l'an 1364. iusques à maintenant; & d'vne Table exacte que j'en ay faite, dans laquelle piece l'on verra l'origine & le progrez des Troubles, qui porterent cét Estat si prés de son entiere ruyne, & les voyes qui furent tenuës pour le restablissement de l'authorité Royale, repos des peuples, & expulsion des Estrangers, dont nous auons tant de besoin, & que nous deuons demander à Dieu auec zele & perseuerance iusques à ce que nous les ayons obtenus de sa diuine bonté. Que si ie voy que cecy te contente & soit vtile, ie me hasteray de mettre le reste en estat de voir le iour afin que tu profite de l'ouurage entier; Cependant ie t'aduertiray de deux choses, La premiere, que si tu remarque dans la suitte des Deliberations, qu'il soit parlé de quelques Actes que tu n'auras point precedemment trouuez, tu ne t'en dois pas estonner, n'y m'accuser d'obmission: mais tu obserueras que les 30. Mars & 6. Auril 1594. il fut commis par la Cour des Maistres des Requestes & Conseillers pour visiter les Registres, & en tirer ce qui fut ordonné estre supprimé: La seconde est, de prendre garde à ces deux termes Sic & Ext. que tu trouueras dans les marges, & qui marquent seulement la difference des pieces transcriptes au long comme elles sont dans les Registres, d'auec celles qui sont seulement extraictes des mesmes Registres, pour éuiter les redites & vne prolixité inutile, par

Ton tres-humble seruiteur,
C. M.

RE-

RECVEIL
DE DIVERSES DELIBERATIONS, Arrests, & autres Pieces importantes, tirées des Regiſtres du Parlement.

Contenant ce qui ſe paſſa ſur le ſujet des Troubles qui commencerent en l'an 1588. Et ce qui fut fait en l'an 1594. lors qu'ils furent pacifiez.

DECLARATION DV ROY, PAR laquelle il veut ſon Edict d'Vnion eſtre tenu pour loy fondamentalle de ſon Royaume.

HENRY par la grace de Dieu Roy de France & de Pologne, à tous preſens & aduenir: Salut. Chacun ſçait aſſez que dés les premiers ans de noſtre jeuneſſe, & meſme auant que Dieu nous euſt appellé à cette Couronne, nous n'auons rien tant deſiré que de voir ce Royaume repurgé de l'hereſie,

Sic.
Octobre 1588.

A

& tous les subjets d'iceluy remis à l'vnion de son Eglise saincte : pour à quoy paruenir nous n'auons espargné nostre propre Personne, ains l'auons souuent exposée pour la manutention de la foy Catholique, Apostolique & Romaine, & depuis qu'il a pleu à Dieu nous esleuer en cette dignité Royale, tout ainsi que nous auons succedé au nom & tiltre de Roy Tres-Chrestien, que nos predecesseurs nous ont acquis par leur pieté & valeur: Aussi nous auons monstré que nous estions heritiers de leur zele, & affection à l'honneur de Dieu & accroissement de la saincte Religion. Car recognoissans le debuoir auquel la charge que Dieu nous a commise sur son peuple Chrestien, & le serment que nous auons fait à nostre Sacre nous obligent, nous auons essayé cy-deuant les voyes les plus douces que nous auons pensé pouuoir seruir à extirper les heresies de cettuy nostre Royaume, & reünir tous nos subjets à la Religion Catholique, Apostolique & Romaine. Mais enfin ayant recognu que la douceur dont nous auons pour quelque temps voulu vfer, efperans les rappeller au giron de l'Eglife, n'auoit feruy que d'accroiftre & endurcir leur obftination : nous auons depuis quelque temps tenté de les ramener par la force à l'obeïffance qu'ils doiuent à Dieu, & à Nous, & maintenant penfons y pouuoir mieux & plus promptement paruenir par le moyen de la faincte Vnion, que nous auons fait à Nous de tous nos fubjets Catholiques par noftre Edict du mois de Iuillet dernier, lequel eftimant deuoir eftre à l'aduenir l'vn des principaux fondemens de la conferuation de la Religion Catholique, que nous auons plus chere que noftre propre vie, & de la reftauration de noftre Eftat, l'authorité qui nous appartient, & la fidelité & obeïffance à nous deuë par nos fubjets, pour les rendre plus fermes, ftables & à iamais irreuocable : Nous auons par le confeil de la Reyne noftre tres-honorée Dame & Mere, des Princes de noftre Sang, Cardinaux, & autres Princes & Seigneurs de noſtre Conſeil, & de l'aduis & conſentement des Gens de nos trois Eſtats, aſſemblez & conuoquez par noſtre commandement en cette ville de Blois, ſtatué & ordonné, ſtatuons & ordonnons & nous plaiſt par ces preſentes, ſignées de noſtre propre main, *que noſtredit Edict d'Vnion*, cy-attaché ſous le contre-ſcel de noſtre Chancellerie, ſoit & demeure à iamais Loy fondamentale & irreuocable de ce Royaume, & comme tel voulons & ordonnons qu'il ſoit gardé par tous nos ſubjets preſens & aduenir, & que par eux il ſoit preſentement iuré, ſans déroger toutesfois ny prejudicier en aucune choſe aux droicts, franchiſes, libertez & immunitez de noſtre Nobleſſe, enſemble de garder & obſeruer toutes les autres Loix & Ordonnances de ce Royaume, concernant l'authorité qui nous appartient, & la fidelité & obeïſſance qui nous eſt deuë par tous nos ſubjets.

Si donnons en mandement par ces preſentes à nos amez & feaux les Gens tenans nos Cours de Parlemens, Baillifs &

Seneschaux, ou leurs Lieutenans, & à tous nos autres Iuges & Officiers, & à chacun d'eux ainsi cōme il appartiendra, que ledit Edict cy-attaché auec la presente Loy, ainsi solemnellement faite & arrestée en l'assemblée generale de nos Estats, ils fassent lire, enregistrer, entretenir, garder, & obseruer inuiolablement comme loy fondamentale & perpetuelle du Royaume, & conseruation d'iceluy, contraignent & fassent contraindre à ce faire tous nosdits subjets par toutes voyes justes & raisonnables, & procedent cōtre les infracteurs d'icelles par toutes les peines contenuës aux Ordonnances sur ce faites selon l'exigence des cas.

Donné à Blois en l'assemblée des Estats, au mois d'Octobre l'an de Grace mil cinq cens quatre-vingt huict, & de nostre regne le quinziesme. Signé, HENRY, & sur le reply, Par le Roy, Ruzé, & à costé *visa*, & seellées de cire verte sur lacqs de soye rouge & verte du grand seel dudit Seigneur, & encores sur le reply.

Aujourd'huy dix-huictiesme iour d'O- *sic.*

ctobre mil cinq cens quatre-vingts huict, le Roy estant à Blois en pleine assemblée des Estats generaux de son Royaume : A iuré en sa foy & parole de Roy, de tenir & obseruer la presente Loy en tout ce qui dependra de sa Majesté, & à Messieurs les Cardinaux de Bourbon, de Vendosme, Comte de Soissons, Duc de Montpensier, Cardinaux de Guyse, de Lenoncourt & de Gondy, Ducs de Guyse, de Nemours, de Neuers, de Retz, Monsieur le Garde des Sceaux de France, & plusieurs autres Seigneurs, tant du Conseil de sa Majesté que Deputez des trois Estats de cedit Royaume, ont iuré de garder & entretenir inuiolablement ladite Loy, tant en leurs noms propres & priuez, que pour l'Estat & les Prouinces qui les ont deputez pour se trouuer en cette assemblée generale des Estats. Moy Secretaire d'Estat & des Commandemens de sa Majesté present, signé RVZE'.

Sic. Leuës, publiées & registrées, oüy & ce requerant le Procureur General du Roy, & en serōt enuoyées copies collationnées

du Parlement.

par les Bailliages & Seneschauffées de ce ressort pour y estre publiées, & est enjoint aux Substituds dudit Procureur General de tenir la main à la publication & execution. A Paris en Parlement le vingt-vniesme Nouembre mil cinq cens quatre vingts huict. Signé, DV TILLET.

Du vingt-troisiesme Nouembre mil cinq cens quatre-vingts huict.

Sur Lettres Patentes, par lesquelles le Roy commet Maistre François de Montholon Aduocat en la Cour à la Charge de Garde des Sceaux de France, par demission de Messire Philippes Hurault Chancelier, *A esté arresté*, qu'auant passer outre, le Rapporteur & vn des Conseillers se transporteront vers ledit sieur Chancelier, pour luy communiquer lesdites Lettres. *Ext.*

Et le vingt-huictiesme Nouembre sur le rapport desdits Conseillers, fut ordonné que lesdites Lettres seroient registrées. *Ext.*

Recueil de Deliberations

Du vingt-neufiefme Decembre mil cinq cens quatre-vingts huict.

Sic. Ce iour la Cour toutes les Chambres affemblées, fur ce que Monfieur le Premier Prefident a propofé, qu'eftant ces Feftes de Noël dernier au Confeil, tenant au logis du fieur Duc d'Aumale, Pair de France, efleu Gouuerneur de Paris, deliberant fur ce qui fe prefentoit fur le bien commun, eftoit chargé de mettre en deliberation fi l'on trouuoit bon de deputer quelques-vns de cette Compagnie pour impetrer du Roy la deliurance de ceux qui eftoient allez à Blois deputez, & fous la foy publique mandez, qui font à prefent detenus par iceluy Seigneur, & qu'à l'imitation de cette Cour chacune des autres Cours fouueraines en deputeront, & auffi ceux de cette ville. Cette propofition mife en deliberation, eft furuenu ledit fieur Duc d'Aumale, qui y a affifté, ayant oüy l'vn des Efcheuins de la Ville, auec le Procureur du Roy d'icelle, & vn nommé

nommé Anroux Banquier nouuellement arriué de Blois, lesdits Escheuin & Procureur du Roy retirez, la matiere mise en deliberation, *A esté arresté*, que demain sur les huict heures ladite Cour ira en l'Eglise de Paris faire celebrer vne Messe du S. Esprit, pour implorer l'ayde & souuerain secours de Dieu, & qu'il lui plaise par son S. Esprit donner moyens de bon conseil sur ce qui est à faire pour le bien commun de cette Ville, exemple de toutes les autres, & que Monsieur le President Brisson, le plustost qu'il pourra s'acheminera à Blois deuers le Roy auec deux autres Conseillers tels qu'il voudra choisir pour l'accompagner, afin d'impetrer du Roy la deliurance de ceux qu'il détient captifs soubs la foy publique, tant de cette ville que des autres Prouinces du Royaume.

Le lendemain trentiesme dudit mois *Ext.* Messieurs sont allez oüir ladite Messe à Nostre-Dame.

B

Du 10. Ianuier 1589.

Sic.   Ce iour toutes les Chambres assemblées, lecture faite des noms de Messieurs les Presidens & Conseillers par l'ordre du Tableau, *A esté arresté*, & ordonné, que Messieurs qui se sont trouuez absens seront par chacun Huissier des Chambres mandez venir demain matin en la Cour à sept heures, & faire procés verbal tant des malades qu'absens.

Du 11. Ianuier 1589.

Sic.   Ce iour en la Cour, toutes les Chambres assemblées, sur ce que Monsieur le premier President a dit, qu'il estoit venu au mandement d'icelle auec grande incommodité de sa personne, s'estant fait apporter en sa place à force d'hommes, & ne sçachant pourquoy ne à quelle occasion les Chambres s'assembloient : La matiere mise en deliberation, sçauoir ce qui estoit à faire pour la tranquillité de

du Parlement.

la Ville, quelque nombre de Messieurs ayant commencé à opiner iusqu'au nombre de seize, lecture faite du tableau, l'heure a sonné.

Et le douziesme Ianuier continuant la- *Ext.* dite deliberation, le Duc d'Aumale est entré, & incontinent apres deux Escheuins, qui ont esté oüis sur l'estat des affaires, ont supplié la Cour vouloir authoriser & homologuer certain acte fait en la grand' Salle de l'Euesché en l'assemblée de plusieurs grands & notables personnages à ce appellez & admonestez d'aduiser diligemment iour & nuict ce qui estoit à faire pour la tranquillité de la Ville, *a esté ordonné,* que ledit acte sera leu & communiqué au Procureur General, & a esté mis és mains de Seguier Aduocat, & l'heure a sonné.

Du 14. Ianuier 1589.

La Cour surceoit la deliberation sur *Ext.* l'homologation dudit acte presenté par les Preuosts des Marchands & Escheuins,

B ij

iufqu'à ce qu'elle ait oüy Monfieur le Maiftre Prefident és Enqueftes, que l'on dit eftre arriué, & auoir apporté lettres de creance du Roy.

Du 18. Ianuier 1589.

sic. Ce iour la Cour, apres auoir oüy quatre des Subftituds du Procureur General du Roy mandez, la matiere mife en deliberation, attendu l'abfence notoire des deux Aduocats du Roy & Procureur General en ladite Cour, *a ordonné* que Maiftre　　　Spifame, l'vn defdits Subftituds, fignera les conclufions en l'abfence dudit Procureur General, & que Maiftres　　　de Beauuais & le Vayer affifteront aux plaidoyeries, tant de la Grand' Chambre que Tournelle, pour requerir pour le Roy & le public ce qu'ils verront eftre à faire, & les autres Subftituds vacqueront au Parquet, & lefdits Spifame, de Beauuais, & le Vayer feront, à fçauoir ledit Spifame, en la place du Procureur General, & lefdits de Beauuais & le Vayer en la place desdits deux Aduocats lors qu'ils vacqueront auec le conseil des parties és iours que l'on communique, & precederont lesdits trois Substituds à l'audiance les Conseillers reçeus à suruiuance, d'autant qu'ils portent la parole, & à l'instant ont esté mandez les Procureurs de Communauté, ausquels a esté fait entendre l'Arrest cy-dessus, pour la direction des affaires des parties.

Du 20. Ianuier 1589.

Sur Requeste des Escheuins & habitans *Ext.* de Paris, à ce que Iean Compans & François Cotteblanche Escheuins fussent tenus exercer comme ils ont fait cy-deuant, & deffenses de vuider la ville sur peine de la vie, *La Cour ordonne* qu'ils seront mandez venir demain matin, & cependant deffenses de partir, & leur enjont de faire leurs Charges.

Du 22. Ianuier 1589.

Ce iour toutes les Chambres assemblées, *sia*

Maistre Iean le Maistre esleu & nommé par la Cour le dernier iour pour exercer l'Estat des Aduocats du Roy en icelle, pour l'absence des Aduocats du Roy, mandé, a fait & presté le serment au cas appartenant, & a fait profession de foy, & l'a jurée ensemble de garder l'Vnion, & a esté à l'instant dit à Maistre Edoüard Molé esleu & nommé pour Procureur General du Roy en l'absence de Maistre Iacques de la Guesle Procureur General, qu'il emmenast ledit le Maistre au Parquet des Gens du Roy, & allassent exercer leurs Charges, & quant à Maistre   Dorleans aussi esleu & nommé Aduocat du Roy, a esté enjoint à vn Huissier l'aller querir pour faire le serment.

Du 24. Ianuier 1589.

Ext. Par Arrest sur remonstrances dudit Molé, est permis audit le Maistre consulter aussi pour les parties, & ledit iour ledit Dorleans a presté le serment.

du Parlement.

Du 7. Feurier 1589.

Ce iour Maiſtre Matthias de la Bruiere Lieutenant Particulier de la Preuoſté de Paris, commis à l'exercice de l'Eſtat de Lieutenant Ciuil en ladite Preuoſté par Arreſt donné toutes les Chambres aſſemblées, & le iour d'hier mandé a fait & preſté le ſerment au cas appartenant, fait profeſſion de foy, & l'a iurée & promis garder l'Vnion qu'il ſignera, & a eſté exhorté d'auoir eſgard à la police, qui eſtoit l'ame de la Ville, & qui contenoit toutes choſes en debuoir, & ſelon l'exigence des affaires, y aller ſouuent en perſonne pour le peu de debuoir qu'en faiſoient les Commiſſaires ſous luy, & s'il auoit bien fait par le paſſé en la charge pour l'abſence des Lieutenans Ciuil, qu'il perſeueraſt comme bien le ſçauoit faire, & de continuer en ſa bonne volonté, & s'eſt retiré.

Du 14. Feurier 1589.

Ce iour en la Cour toutes les Chambres

d'icelle assemblées, ayant Monsieur le President Brisson auec Messieurs de la Grand' Chambre, Presidens des Enquestes & Requestes du Palais, fait rapport de la charge à eux donnée pour saluër au nom de la Cour le Seigneur Duc du Maine arriué de nouueau en cette Ville, a esté remercié, & Messieurs qui estoient deputez auec luy par Maistre   Chartier plus ancien Conseiller de la Grand' Chambre.

Du 16. Feurier 1589.

sic. Ce iour, apres auoir veu par la Cour toutes les Chambres assemblées la Requeste presentée par les Escheuins, manans & habitans de cette Ville de Paris, contenant que pour pouruoir & aduiser aux moyens requis & necessaires pour faciliter l'execution des Edicts & Declarations faits allencontre de ceux de la nouuelle opinion, auroient esté cy-deuant commis & deputez quelque nombre d'Officiers, pris tant du Corps de ladite Cour, que des Chambre des Comptes, Cour des Aydes, & Tresoriers

riers de France, la plufpart defquels eftoient maintenant abfens de cette ville, & ne reftoit que Mefsire Bernabé Briffon Prefident en ladite Cour, Maiftres Boucher fieur Dampiere Maiftre des Requeftes, & Thomas de Bragelogne Treforier de France, lefquels au moyen du peu de nombre, à caufe de quelques Lettres de Cachet à eux enuoyées de Blois, faifoient difficulté de continuer l'execution de leur Commiffion, ce qui tourneroit au grand preiudice des affaires publiques, & perdroit entierement le fruict efperé des faifies & ventes des biens & heritages, il pleuft à la Cour ordonner aufdits fieurs Prefident Briffon, Boucher, & Bragelogne, continuer leurdite Commifsion, & au lieu des abfens commettre auec eux foit du corps de ladite Cour & Chambre des Comptes, auec puiffance de proceder à l'execution des Edicts & Declarations, reprendre les derniers erremens, & y apporter de nouueau tout ce qu'ils trouueroient eftre requis & neceffaire, pour

C

en faciliter l'execution; enjoignant aux Treforiers de France, Baillifs, Seneschaux, & autres Officiers, & à tous Huifsiers & Sergens mettre à execution lefdits Iugemens & Ordonnances, & y obeir comme aux Arrefts de la Cour, fans requerir plus grande confirmation & approbation, & fans qu'il foit befoin cy-apres dreffer lefdits Iugemens par forme d'aduis, comme ils auoient accouftumé faire cy-deuant; Et neantmoins où il feroit befoin d'aucune expedition du fçeau, enjoint à ceux qui tiendront le fçeau de la Chancellerie de cette ville de Paris fceller fans aucun refus ny difficulté les Lettres de Commifsion qui feront dreffées fur lefdits Iugemens & Ordonnances, attachées à icelles; Conclufions du Procureur General du Roy, & tout confideré : *La Cour*, en entherinant ladite Requefte, A ordonné & ordonne, que les Commiffaires qui ont efté cy-deuant commis pour l'execution de l'Edict d'Vnion & Declarations interuenuës fur iceluy con-

du Parlement.

tinuëront l'exercice de leur Commission en la forme accoustumée, & au lieu de ceux desdits Commissaires absens a commis & commet Messire Nicolas Pottier President en icelle, Maistre Pierre Maparaulte, & René Hennequin, Conseillers & Maistres des Requestes ordinaires de l'Hostel, Me Nicolas le Sueur aussi Conseiller & President en la quatriéme Chambre des Enquestes, & seront les expeditions qui se feront en ladite Chambre seellées du sçeau de la Chancellerie establie en cette ville, qui sera de tel effect & vertu comme du grand sçeau : Enjoint aux Maistres des Requestes ordinaires qui tiendront ledit sçeau seeler lesdites expeditions sans aucune difficulté ; & seront les difficultez d'importance qui se trouueront en execution de ladite Commission rapportées en ladite Cour au Conseil qui sera estably, selon la qualité & subjet des matieres.

C ij

Du 9. Mars 1589.

Ext.   Ce iour la Cour, toutes les Chambres assemblées, sur ce qui a esté commencé le 7. & 8. Feurier dernier, tant pour le regard de l'inscription des Arrests de ladite Cour qui se leueront desormais en forme, que Lettres qui s'expediéront en la petite Chancellerie: La matiere mise en deliberation, *A arresté & ordonné*, que les Arrests qui se leueront en forme seront intitulez, Par les gens tenans la Cour de Parlement; & quant aux Lettres qui s'expedieront en la petite Chancellerie seront intitulées, Par les gens tenans la Chancellerie, & scellées du scel de ladite Chancellerie, auec le temperamment és Lettres qui seront addressées à ladite Cour pour auoir l'addresse, & les Lettres patentes en ladite Chancellerie à sceller és iours precedens seront scellées du sçeau dont on vsoit cy-deuant.

du Parlement.

Du 10. Mars 1589.

Ce iour la Cour, toutes les Chambres *Sic.* assemblées, apres auoir veu la Requeste a elle presentée par Messieurs les Presidens & Conseillers detenus en la Bastille, à ce qu'attendu la longue detention de leurs personnes, & leur innocence assez cognuë à icelle Cour, il luy pleust leur impartir son effort pour leur deliurance: Conclusions du Procureur General sur icelle, La matiere mise en deliberation, *Ladite Cour a ordonné*, que dedans huy les Procureurs & Aduocats Generaux en ladite Cour seront excitez de poursuiure sans cesse de iour en iour la deliurance desdits sieurs Presidens & Conseillers, & aduertir la Cour de ce qui se fera, & que Monsieur le President Pottier auec quelqu'vn de Messieurs de la Grand' Chambre & deux de Mesieurs des Enquestes iront deuers le Seigneur Duc du Maine Lieutenant General de l'Estat Royal & Couronne de France, en le congratulant de sa venuë, le prier de la deliurance desdits sieurs Presidens & Conseillers; Et neantmoins ledit Seigneur Duc du Mayne venant en la Cour luy en sera parlé & fait priere d'affection au nom de toute la Cour.

Du 11. Mars 1589.

Sic. Ce iour la Cour, toutes les Chambres d'icelle assemblées, Monsieur le President Potier a dit, Que suiuant l'ordondonnance de la Cour Messieurs & luy furent vers Monsieur le Duc de Mayenne le congratuler de sa bien venuë en cette ville auec la qualité de Lieutenant General de l'Estat Royal & Couronne de France, & luy presenter les recommandations affectionnées de cette Compagnie, & ce fait luy faire requeste d'auoir pitié de Messieurs les Presidens & Conseillers prisonniers en la Bastille, & leur faire acte digne de luy pour leur deliurance; Ausquels il fit responfe, qu'ils presentassent requeste au Conseil, où il se trouueroit, & feroit ce qui luy seroit possible.

Du 13. Mars 1589.

Ce iour Monsieur le Duc du Mayne Pair de France est venu en la Cour auec Monsieur le President Brisson, a fait entendre, toutes les Chambres de ladite Cour assemblées, ce qui s'est passé pendant son voyage de Roüen, pour raison de la nomination faite de sa personne à l'Estat de Lieutenant General de l'Estat Royal & Couronne de France, par prouision, en attendant l'Assemblée generalle des Estats, à laquelle il auroit esté besoin pouruoir par telle prouision pour remedier aux desordres & retenir la licence qui commence à prendre vn cours effrené, & a luy remonstré l'esperance & attente que le public auoit conceuë de sa vertu, valeur & integrité, tant pour la manutention de la Religion Catholique, Apostolique & Romaine, que conseruation de l'Estat Royal.

Recueil de Deliberations

Du 17. Iuillet 1589.

Sic. Deux Escheuins de Paris ont supplié la Cour deputer pour l'Assemblée de Ville qui se doibt faire pour la cottisation qu'on a aduisé faire sur les habitans de cette ville, pour rendre les sommes leuées par forme d'emprunt sur aucuns d'iceux, ont esté deputez deux Conseillers de la Grand'Chambre, & les autres Chambres aduerties de faire le semblable.

Du 17. Aoust 1589.

Sic. Ce iour la Cour, toutes les Chambres assemblées, pour sur le rapport de Monsieur le President Pottier sur les Remonstrances par luy faites à Monsieur le Duc de Mayenne Lieutenant General de l'Estat Royal & Couronne de France, suiuant la Deliberation du 14. iour du present mois, ayant d'ailleurs entendu le bruit qui estoit par la ville à cause de l'Esle&ion le iour d'hier faite de deux Escheuins

Escheuins de ladite ville, d'autant qu'on disoit ladite eslection n'auoir esté legitimement faite : La matiere mise en deliberation, *A esté ordonné*, & aresté d'attendre la deliberation qui s'en doibt faire ce matin au logis de Monsieur le Duc de Mayenne, & neantmoins ledit sieur Duc seroit presentement supplié au cas qu'il n'y ait pourueu, d'ordonner que nouuelle assemblée sera faite à l'Hostel de Ville pour sçauoir si ladite eslection a esté bien, deuëment & legitimement faite, & garder les anciens priuileges de ladite Ville.

Du 21. Aoust 1589.

Ce iour la Cour, toutes les Chambres assemblées, a commencé à deliberer sur l'interpretation de la Declaration nagueres publiée en icelle, pour faire reuenir les absens, sçauoir si ceux qui reuiendront rentreront en leurs Estats.

Du 22. Aouſt 1589.

Sic. Ce iour la Cour, toutes les Chambres aſſemblées, a continué la deliberation du iour d'hier, *& arreſté*, que Remonmonſtrances feront faites à Monſieur le Duc de Mayenne Lieutenant General de l'Eſtat Royal & Couronne de France, ſur l'interpretation de la Declaration par luy faite & publiée en ladite Cour, pour faire reuenir les abſens, & ſçauoir s'il entend par ladite Declaration que ceux qui reuiendront rentreront en leurs Eſtats, & en faire Declaration, par meſme moyen pour Meſſieurs les Preſidens & Conſeillers de ladite Cour qui ſont arreſtez en leurs maiſons,

Du 29. Aouſt 1589.

Sic, Ce iour le ſieur Duc de Mayenne Lieutenant General de l'Eſtat Royal & Couronne de France eſt venu en la Cour, toutes les Chambres aſſemblées, & a dit qu'estant sur son partement pour s'en aller en la guerre trouuer ses ennemis la part où ils seront, il n'a voulu partir sans saluër cette Compagnie, & la prier de continuer la bonne volonté qu'elle luy auoit tousiours portée, l'asseurant que de sa part il fera tousiours pour cette Compagnie ce qui luy sera possible, comme estant celle qu'apres Dieu il honore le plus, & à laquelle il veut obeïr: A quoy luy a esté respondu par Monsieur le Président Brisson, que cette Compagnie luy rend actions de grace, de ce qu'auec l'ayde de Dieu & le bon soing & vigilance dudit sieur Duc, par la conseruation de cette Ville, du siege mis deuant par les ennemis, le suppliant auant son partement de pourueoir à la seureté de ladite Ville tant dedans que dehors, & de faire honorer la Iustice tant superieure qu'inferieure, & qu'aucune chose ne soit entreprise sur icelle, comme estant celle qui fait viure les grands & petits, & establie pour la conseruation des bons, terreur & punition des meschans.

Du 30. Aoust 1589.

Sic.   Ce iour la Cour, toutes les Chambres assemblées, pour le faict des gages des Officiers de ladite Cour, suiuant la Deliberation qui en fut le iour d'hier faite au logis du sieur Duc du Mayne Lieutenant general de l'Estat Royal & Couronne de France, *A ordonné* & ordonne, que inhibitions & defenses seront faites, & les fait icelle Cour à tous Gouuerneurs, Capitaines, Maires & Escheuins des Villes empescher ne retenir, directement ou indirectement les deniers des assignations destinez pour les gages des Officiers de ladite Cour, & à tous Tresoriers & Receueurs generaux & particuliers desdites Villes d'innouer, alterer, ne changer la nature des deniers desdites assignations à peine du quatruple.

Sic.   Ce iour la Cour, sur la Requeste faite par le Procureur General du Roy, des prises & retentions faites des deniers

du Parlement. 29

prouenans de la vente du Sel, destiné pour le payement des Rentes, & autres charges & necessitez publiques, & que à l'occasion des gens de Guerre qui sont sur les chemins qui empeschent de mener & conduire du Sel où il est besoin, la fourniture des Greniers ne peut estre continuée, dont en bref s'enfuiuroit vne disete de Sel, & outre qu'estant les Greniers dégarnis il n'y aura moyen de leuer les droicts qui sont sur iceluy destinez pour le payement desdites Rentes, & autres gages publics: La matiere mise en deliberation, *La Cour* a fait & fait inhibitions & defenses à tous Gouuerneurs, Capitaines, Maires & Escheuins des Villes du ressort d'icelle d'empescher, arrester ne receuoir, prendre ou permettre estre pris & arrestez, directement ou indirectement, pour quelque cause & occasion que ce soit les deniers prouenans de la vente du Sel, tant pour le droit de Gabelles & creuës que prix du Marchand, à peine du quatruble, & de repetition sur eux en leurs propres & priuez

D iij

Recueil de Deliberations

noms, leurs veufues & heritiers, & successeurs, à cette fin leur sera le present Arrest signifié, à ce qu'ils n'en pretendent cause d'ignorance.

Du 13. Septembre 1589.

sic. Ce iour deux Escheuins de cette Ville de Paris sont venus supplier la Cour de deputer aucuns des Conseillers d'icelle pour assister à l'Assemblée de Ville pour la leuée de cinquante mil escus, cy-deuant accordée pour soubuenir aux frais de la guerre : Ce qui a esté fait, sçauoir à Messieurs des Enquestes & Requestes, toutes les Chambres assemblées, afin d'en deputer deux de chacune Chambre, pour assister à ladite Assemblée de Ville.

Du 25. Septembre 1589.

sic. Sur la Requeste verballement faite à la Cour par le Procureur General du Roy, toutes les Chambres d'icelle assemblées, & la matiere mise en deliberation, Ladite Cour a fait & fait inhibitions & deffenses à tous en general, de quelque estat, qualité & condition qu'ils soient, ensemble à toutes Villes & Communautez de tenir & souffrir exercice autre que de la Religion Catholique, Apostolique & Romaine, ne favoriser le party des Heretiques, leurs fauteurs & adherans, ne leur assister, prester conseil, confort & ayde, ne faire leuée de deniers pour eux directement ou indirectement, sur peine d'estre declarez criminels de leze Majesté diuine & humaine. A ordonné que Commission de ladite Cour sera deliurée au Procureur General pour informer contre ceux qui contreuiendront ausdites deffenses, afin d'estre contre-eux procedé extraordinairement ainsi qu'il appartiendra par raison : Et outre a ladite Cour fait & fait inhibitions & deffenses à toutes personnes de quelque estat & condition qu'ils soient d'vser d'aucunes voyes de fait, ne faire aucune capture & emprisonnement de personne, saisie & prise de biens des manans & habitans de cette Ville, ne autrement attenter à leurs personnes & biens sans Mandement & Ordonnance par escrit des Magistrats, Iuges & Officiers, ausquels le pouuoir & cognoissance en appartient. Et pareillement fait inhibitions & deffenses aux manans & habitans de cette ville & fauxbourgs de Paris de faire aucune assemblée sans authorité & permission de Magistrat, le tout sur peine d'estre punis comme infracteurs & perturbateurs du repos public : Et sur les mesmes peines, enjoint la Cour à tous de reuerer & honorer la Iustice, & obeir aux Officiers d'icelle ; & fait deffenses à tous Imprimeurs, Libraires & Colleporteurs d'imprimer, vendre, ne exposer en vente aucun Libelle scandaleux & diffamatoire, & generalement imprimer aucuns Liures & petits liurets sans permission de la Cour ou des Iuges ordinaires, sur les peines portées par les Ordonnances ; & enjoint aux Commissaires & Sergens du Chastelet

du Parlement. 33
Chaſtelet de Paris de ſe ſaiſir des perſonnes & Liures, & de ceux qui en vendront imprimez ſans permiſſion, & outre a ladite Cour fait inhibitions & deffenſes de faire à l'aduenir aucune leuée de deniers ſur les Bourgeois de cette Ville & fauxbourgs, ſans qu'elle ait eſté ordonnée en l'Aſſemblée generalle de Ville.

Du 5. Octobre 1589.

Sur Requeſte du Procureur General, La Cour fait deffenſes d'imprimer, afficher, ny jetter par les ruës placars ny libelles diffamatoires, & que ledit Procureur General aura Commiſſion pour informer contre ceux qui en ont imprimé, affiché, ou jetté. *Ext.*

Du 21. Octobre 1589.

Sur ce que le Preuoſt des Marchands & Eſcheuins de cette Ville de Paris ont requis à la Cour, toutes les Chambres d'icelles aſſembées, qu'il luy plaiſe tenir *Sic.*

E.

la main à la leuée de cinquante mil escus accordez au sieur Duc du Mayne pour le fait de la guerre & payement des Estrangers, ou bien leur donner autre moyen de trouuer deniers, à cette fin qu'il luy plaise ouïr les Agens & Deputez des Allemans estans à la porte du Parlement, qui sont icy attendans ladite leuée & payement desdits cinquante mil escus, luy retiré, la matiere mise en deliberation, *Ladite Cour a arresté,* d'ouïr presentement lesdits Deputez, lesquels à l'instant mandez, le sieur de la Motte Real Agent desdits Allemans & aucuns d'iceux l'assistans ont dit, qu'ils ont reçeu Lettres de leurs Colonnels, par lesquels ils se plaignoient de la longueur de la leuée & payement desdits cinquante mil escus qui leur auoient esté promis à leur partement de cette Ville ; qu'à faute d'argent plusieurs de leurs soldats sont demeurez malades, tellement qu'ils seroient contraints de demander congé audit sieur Duc de Mayenne, les Suisses & Lansquenets n'en feroient pas moins,

du Parlement. 35

n'ayant moyen de faire la guerre sans argent, ce qui importoit grandement à la Religion ; suppliant la Cour, comme tenant le lieu superieur, d'y tenir la main. A quoy leur a esté respondu par Monsieur le President Brisson, Que la Cour a eu agreable la leuée desdits cinquante mil escus, mais qu'elle n'a le maniement des deniers & finances, ains appartient cela aux Preuost des Marchands & Escheuins ; que ladite Cour fera tout ce qu'elle pourra pour gratifier lesdits Allemans & leur nation, & ne manquera iamais de bonne volonté en leur endroit, comme estans amis & confederez de cette vnion des Catholiques.

Du 22. Decembre 1589.

Ce iour Messieurs dessus nommez sont partis apres dix heures pour aller aux Vigilles qui se dirent en l'Eglise de Paris pour le bout de l'an de feu Messieurs les Cardinal de Guyse & Duc de Guyse.

Sic.

E ij

Du 19. Octobre 1590.

Ext. Sur conclusions du Procureur General, pour deliberer sur l'intitulation qui sera mise aux Lettres du grand Sçeau, attendu le deceds du Roy Charles X. naguieres aduenu, & en attendant l'Assemblée generale des Estats, suiuant les Arrests des 13. Mars & 29. Nouembre.

Ext. Nota, que la deliberation est demeurée en blanc dans le Registre.

Du 23. Nouembre 1590.

Sic. Ce iour les Chambres assemblées, ont esté leuës les Lettres du Sieur du Mayne, contenant que l'Office de President en la Cour de ceans est vacquant par la mort de Maistre Iean de la Guesle President en ladite Cour, & restablissement dudit Estat. Lecture faite desdites Lettres, & des conclusions du Procureur General du Roy: La matiere mise en deliberation, *A esté arresté*, que la Cour ne peut proceder à la verification desdites Lettres.

Du 9. Ianuier 1591.

Sur Requeste des Marchands de la grand' Salle du Palais, *Ordonné* que les couuertures de plomb & d'ardoise de dessus ladite Salle seront reparées & les ouuriers payez des deniers des boutiques desdits Marchands par les mains du Receueur du domaine. Ext.

Du premier Auril 1591.

Veu par la Cour, toutes les Chambres d'icelles assemblées, les Lettres patentes dudit Seigneur Duc du Mayne Lieutenant General de l'Estat & Couronne de France données au Chasteau de Vincennes le 25. Mars dernier, signées Charles de Lorraine, & sur le reply, par Monseigneur, MARTEAV. Par lesquelles, & pour les causes y contenuës, ledit Seigneur Duc en vertu de son pouuoir & Sic.

authorité, declare tous Eſtats, Charges, & Offices, tant de Iudicature, Finance, qu'autres, de quelque qualité qu'ils ſoient, dont les perſonnes, ſoit de ceux qui ſont viuans encores à preſent, ou des morts & decedez retirez és villes ennemies de cette Vnion, eſtoient cy-deuant pourueus à tiltre d'Office, de ceux qui ne ſont ſubjets à la ſuppreſſion, vacquans & impetrables, & qu'il y ſera pourueu de perſonnes capables & idoines, zelées & affectionnées à l'honneur de Dieu, aduancement de la Religion Catholique, Apoſtolique & Romaine, & conſeruation de cét Eſtat, ſans que cy-apres ceux qui exercent leſdits Offices & Eſtats eſdites Villes ennemies, ſoit és pretendus Parlemens, Grand Conſeil, Chambres des Comptes, Cours des Aydes & Monnoyes, Chancelleries, Bureaux des Finances, & toutes autres Iuriſdictions inferieures, puiſſent eſtre tenus ny reputez Officiers Royaux, ains ſeront leurs noms rayez & biffez des Tableaux, Regiſtres & matriculles des lieux où ils exerceoient

du Parlement. 39

lesdits Offices, declarant tous Iugemens & autres actes qu'ils pourroient faire foubs couleur desdits Offices nuls & de nul effect & valeur, auec deffenses à toutes personnes d'obeïr n'y les recognoistre en quelque sorte & maniere que ce soit, comme plus au long le contiennent lesdites Lettres : de l'Ordonnance de la Cour communiquées au Procureur General du Roy, ses conclusions, & tout consideré ; *Ladite Cour a ordonné* & ordonne, que lesdites Lettres feront leuës & publiées & regiftrées és Regiftres d'icelle, à la charge que les Eftats & Offices de Iudicature, tant de ladite Cour que des sieges ressortissans en icelle, de ceux de la qualité portée par lesdites Lettres, declarez vacquans par icelle, seront & demeureront supprimez iufques à ce que par l'Assemblée des Eftats autrement en ait esté ordonné, horsmis ceux l'exercice desquels sera par ladite Cour iugé necessaire, ausquels sera pourueu par Commission d'icelle Cour, en attendant ladite Assemblée des Eftats.

Du 7. May 1591.

sic.   Ce iour veu par la Cour l'information faite de l'Ordonnance d'icelle à la requeſte du Procureur General du Roy, ſur les vie, mœurs & conuerſation Catholique de Meſſire François d'Auanton Cheualier ſieur Comte de Belin, commis & eſtably Gouuerneur ſoubs l'authorité dudit ſieur Duc du Mayne Lieutenant General de l'Eſtat & Couronne de France, de cette Ville & fauxbourgs de Paris, enſemble les concluſions du Procureur General du Roy, La matiere miſe en deliberation, *A eſté arreſté*, qu'il ſera receu en ladite Charge.

Du Lundy 25. Iuillet 1591.

sic.   Veu par la Cour, toutes les Chambres aſſemblées, la Requeſte preſentée par le Procureur General du Roy, contenant combien que noſtre S. Pere, ſuiuant l'intention qu'il doibt auoir à la con-

conseruation de la Couronne de France entiere, comme membre premier de l'Eglise, & duquel ses predecesseurs ont receu tant de signalez offices que la memoire ne s'en peut perdre, incontinent apres son elsection s'estoit resolu d'vser de tous les plus propres moyens, & en attendant que les artifices des Heretiques & de plusieurs personnes mal-affectionnées à la Religion Catholique, Apostolique & Romaine, ou par la lascheté d'autres, attiedis par crainte de perdre leurs biens & charges, ou par la conuoitise de ceux qui estiment se preualoir des biens de l'Eglise se semoient plusieurs fauxbruits, que le deffunct Pape Sixte V. & sa Saincteté ne trouuoient bonne l'association des Princes Catholiques qui se sont vnis pour la deffense de leur Religion, quelques despenses & incommoditez qui leur peussent suruenir, & non pour butiner & desmembrer ce Royaume, iceluy nostre S. Pere ait enuoyé en ce Royaume le Seigneur Landriano pour estre son Nonce en France, & l'ait chargé

F

de faire publier deux Bulles monitoires, afin de tefmoigner à chacun l'approbation de l'Vnion iurée par lefdits Princes & tous les vrais Catholiques ; & jaçoit que icelles Bulles foient pleines d'affection, douceur & moderation paternelles, & qu'elles reprefentent à l'œil le defir vnique de fa Sainéteté de voir le bercail de l'Eglife Françoife bien referré contre les aguets des Heretiques, & que toute la France d'vne mefme voix & d'vn mefme cœur honore Dieu & retienne conftamment les Traditions de l'Eglife Catholique, Apoftolique & Romaine, fans foy precipiter au manifefte hazard de la priuation de l'exercice d'icelle & ruyne de l'Eftat, & qui pis eft de la perte des ames abandonnées à la mercy du premier faux Prophete qui s'y coulleroit. Et nonobftant que Henry de Bourbon eftant excommunié & declaré relaps par ledit deffunét Sixte V. de bonne memoire, & pource du tout incapable d'eftre le Chef & Roy de la France qui eft Catholique, & de receuoir l'onétion Royale

du Parlement. 43

de la saincte Ampoulle, ou de se dire successeur du Roy S. Louys, quelques euenemens que Dieu luy ait permis pour la punition des fautes de son peuple, joint la loy fondamentalle de ce Royaume, qui n'admet aucun heretique pour Roy, tous ceux qui l'ont suiuy & fauorisé ayent encouru de faict & de droict les peines portées par les Canons; & toutesfois nostre S. Pere, comme vray Pasteur, par le contenu desdites Bulles leur ait tendu les bras pourueu qu'ils se departissent de la suite, obeïssance & support dudit Henry de Bourbon; ce neantmoins certains soy disans Iuges assemblez à Chaalons auroient fait deffenses à toutes personnes de receuoir ou publier lesdites Bulles, & fait lacerer les copies imprimées en leur presence par vn pretendu Iugement donné *audit Chaalons le 10. iour du mois de Iuin dernier passé.* Ce qui est vn mespris trop grand de la puissance Pontificalle, à laquelle Dieu parlant à S. Pierre a donné pouuoir de lier & condamner en ce qui concerne la Foy & les

F ij

choses spirituelles: & telle a esté la recognoissance & submission de tous les Empereurs, Roys & Princes, depuis que nostre Dieu les a gratifiez de son S. Esprit, & tel est l'aduis de tous les Saincts Peres; Requeroit ledit Procureur General estre sur ce pourueu par ladite Cour, & veu la copie dudit pretendu Iugement, La matiere mise en deliberation, *La Cour*, toutes les Chambres assemblées, a declaré & declare ledit pretendu Arrest donné par gens vsurpans le nom, tiltre & qualité de Cour de Parlement audit Chaalons nul & de nul effect, force & valeur, outre scandaleux, contenant schisme, heresie & substraction de l'obeissance de nostre S. Pere le Pape, en ce qui depend de la puissance & authorité à luy commise & attribuée de Dieu, & comme tel sera laceré l'Audiance tenant & les fragmens d'iceluy bruslez sur la pierre de Marbre estant au bas des grands degrez du Palais: A fait & fait inhibitions & deffenses à toutes personnes de ce ressort de quelque qualité & condition & digni-

du Parlement.

té qu'ils soient, Villes & Communautez, d'obeïr audit pretendu Arrest, & de recognoistre au dedans dudit ressort autre Cour de Parlement que ladite Cour: Leur enjoint de reuerer & honorer les monitions du Sainct Siege Apostolique, & leur rendre le respect & obeïssance qui leur appartient, a ordonné & ordonne que commission sera deliurée au Procureur General du Roy pour informer contre les autheurs dudit pretendu Arrest, & des autres faicts mentionnez en sa requeste, pour l'information faite & rapportée pardeuers ladite Cour estre procedé ainsi que de raison. Et sera le present Arrest leu & publié, tant en ladite Cour l'audiance tenant, que par les carrefours de cette ville & en la ville de l'Vnion plus proche de la ville de Chaalons, ensemble en tous les Sieges du ressort d'icelle Cour, à ce qu'aucun n'en pretende cause d'ignorance: Et à cette fin ordonne qu'il sera imprimé & enuoyé à la diligence du Procureur General & ses Substituds esdits Sieges, ausquels ladite Cour enjoint de tenir la main à ce qu'il y soit publié, gardé & obserué, & en certifier la Cour au mois.

Arrest du Parlement de Chaalons.

sic. Entre le Procureur General du Roy, appellant comme d'abus de l'octroy & execution des Bulles monitorialles, excommunications & fulminations decernées à Rome contre le feu Roy Henry III. de ce nom, que Dieu absolue, & le Roy à present regnant, ensemble de l'octroy des Bulles de la Legation du Cardinal Caietan, & de tout ce qui s'en est ensuiuy : & encores appellant comme d'abus de l'octroy d'autres Bulles émanées de Rome le premier Mars 1591. Procedures & publications faites par Marcelin Landriano, soy-disant Nonce du Pape, comme nulles, abusiues, scandaleuses, seditieuses, & faites contre les saincts Decrets, droicts & libertez de l'Eglise Gallicane, & demandeur en crimes & delits, d'vne part : Et ledit Marcelin Landriano

du Parlement. 47

Referendaire, foy-difant Nonce du Pape, entré en ce Royaume clandeftinement, fans congé & permiffion du Roy, intimé & deffendeur, & deffaillant d'autre. *La Cour* faifant droict fur l'appel interjetté par ledit Procureur General, & en adjugeant le profit du deffaut, dit qu'il a efté mal, nullement & abufiuement octroyé, procedé & executé, tant contre le feu Roy Henry III. que Dieu abfolue, que contre le Roy à prefent regnant, fes vaffaux & fubjets, bien appellé par ledit Procureur General du Roy, a caffé, reuoqué & annullé, caffe, reuoque & annulle toutes lefdites Bulles, procedures, excommunications & fulminations, comme abufiues, fcandaleufes, feditieufes, pleines d'impoftures, & faites contre les faincts Decrets, Conftitutions Canoniques, Conciles approuuez, & les droicts & libertez de l'Eglife Gallicane, A ordonné & ordonne, que fi aucuns ont efté excommuniez par vertu defdites procedures, ils feront abfous, & feront lefdites Bulles & toutes procedures faites en vertu d'icelles bruſlées en la place publique de cette ville par l'Executeur de la haute Iuſtice, Ordōne que ledit Landriano pretendu Nonce, entré clandeſtinement en ce Royaume ſans congé & permiſſion du Roy, ſera pris au corps, & amené priſonnier és priſons Royales de cette ville de Chaalons, pour eſtre contre luy procedé extraordinairement, & où pris & apprehendé ne pourroit eſtre, ſera adjourné à trois briefs iours en la maniere accouſtumée, & à celuy qui le liurera à Iuſtice ſera baillé la ſomme de dix mil eſcus, A fait & fait inhibitions & deffences à toutes perſonnes de quelque eſtat, qualité & condition qu'elles ſoient, de retenir, receler, latiter, ou heberger ledit pretendu Nonce, ſur peine de la vie, & à tous Archeueſques, Eueſques, & autres Eccleſiaſtiques de receuoir, ny publier, ou ſouffrir de publier aucunes Sentences, ou procedures venans de la part dudit Nonce, ſur peine d'eſtre punis comme criminels de leze-Majeſté, A declaré & declare les Cardinaux eſtans à Rome, Archeueſques,

du Parlement.

uefques, Euefques, & autres Ecclefiaftiques, qui ont confeillé & figné lefdites Bulles & excommunications, & qui ont approuué le tres-inhumain, tres-abominable & tres-deteftable parricide proditoirement commis à la perfonne d'iceluy deffunct Seigneur Roy tres-Chreftien & & tres-Catholique, defcheus du poffeffoire des Benefices par eux tenus en ce Royaume: Enjoint au Procureur General du Roy faire faifir & mettre és mains du Roy lefdits Benefices, & y faire eftablir bons & fuffifans Commiffaires, & des diligences par luy faites en certifier la Cour. Et cependant fait inhibitions & deffenfes à toutes perfonnes de porter ou enuoyer or ou argent à Rome, & de s'y pouruoir pour les prouifions & expeditions des Benefices, iufques à ce que par le Roy en ait efté ordonné : Et aura le Procureur General acte de l'appel par luy interjetté au prochain futur Concile legitimement affemblé de l'intrufion de Gregoire XIV. au S. Siege Apoftolique. Prononcé en Parlement à Chaa-

G.

lons le Ieudy vingt-neufiefme Aouft mil cinq cens quatre-vingts vnze.

Du 23. Septembre 1591.

Sic. Ce iour la Cour toutes les Chambres aſſemblées, pour entendre la lecture de l'Arreſt par elle donné le 18. du preſent mois, à l'encontre du pretendu Arreſt donné à Tours le 5. Aouſt dernier, & la matiere miſe en deliberation, *A eſté arreſté* & ordonné, que tous Meſſieurs les Preſidens & Conſeillers d'icelle qui ont aſſiſté à la deliberation dudit Arreſt le ſigneront, & que pour approbation d'iceluy il ſera pareillement ſigné de ceux de Meſſieurs qui pour cauſe de maladie ou autre n'ont aſſiſté à la deliberation dudit Arreſt, & qu'à cette fin il ſera porté aux ſuſdits en leurs maiſons par vn des quatre Notaires de ladite Cour, qui leur fera entendre la preſente deliberation, & dont il fera procés verbal, qui ſera leu à la premiere aſſemblée deſdites Chambres.

Du 2. Decembre 1591.

Ce iour le sieur Duc du Mayenne *sic.* Lieutenant General de l'Estat Royal & Couronne de France, les Chambres assemblées & les Gens du Roy presens, apres auoir remonstré à la Cour les causes qui l'auoient fait acheminer en cette Ville & laissé vne grosse armée, & que depuis le 14. du mois passé ladite Cour n'estoit entrée, & qu'à present n'y ayant aucun President luy auoit semblé necessaire d'en venir communiquer & aduiser auec elle pour y en receuoir iusques à quatre, afin qu'estant cette grand' Chambre & celle de la Tournelle demeurées sans chef elles soient remplies, & qu'à ceux qui seront esleus il en face expedier les prouisions, n'ayant voulu entreprendre d'en nommer aucuns de sa part, ains le tout remis à ladite Cour; & sur ce ayant interpellé & prié la Cour de les nommer, les Gens du Roy oüis, apres qu'il luy a esté remonstré par Maistre Mathieu Chartier, Doyen & plus ancien Conseiller, que aduenant vacation de tels Estats, la Cour auoit accoustumé d'en nommer aucuns aux Roys, dont ils choisissoient l'vn d'iceux, qui en estoit pourueu, mais qu'à present n'y ayant aucun Roy, & veu l'Estat de la Ville, icelle Cour s'en remettoit à luy, & le prioit d'en vouloir nommer; & enfin apres plusieurs excuses a dit, que puis qu'il plaist à ladite Cour, & suiuant la priere qu'il auoit faite ce matin à Dieu & à son S. Esprit, que cette affaire se conduisit en toute sincerité, il se resoluoit de nommer pour Premier President ledit sieur Chartier plus ancien Conseiller, & ja nommé par la Cour pour President en icelle, les vertus, integrité & suffisance duquel estoient tres-notoires à vn chacun; & pour second President le sieur de Hacqueuille President au Grand Conseil; le tiers, le sieur President de Neuilly, cy-deuant pourueu de l'vn desdits Estats; & pour le quatriesme le sieur le Maistre Aduocat du Roy, n'ayant iamais veu, qu'il sçache, lesdits sieurs Chartier & le Maistre, ou bien tel autre que ladite Cour aduisera ; laquelle nomination approuuée par ladite Cour, La matiere mise en deliberation, & nonobstant les excuses & remonstrances dudit sieur Chartier de son aage de soixante & dix-neuf ans, & indisposition notoire de sa personne, & qu'il estoit nouuellement releué & sorty d'vne grosse maladie, & que cét aage desireroit plustost vn repos que le trauail que requeroit vn tel Estat : *A esté arresté & ordonné*, qu'il fera le serment de premier President en ladite Cour, à tant a passé au Barreau, & apres auoir iuré que pour y paruenir il n'a baillé ny promis bailler ou faire donner par luy ou par autre or, argent, ne chose equipolent, en outre de bien & deuëment exercer ledit Estat & Office de premier President, il auroit esté receu, & fait sa profession de Foy és mains de Maistre Estienne Fleury plus ancien Conseiller.

Du 3. Decembre 1591.

sic.   Ce iour le Duc du Mayne venu accompagné du sieur de Belin Gouuerneur, les Chambres assemblées, pour proceder au reste des Presidens nommez le iour d'hier, en premier lieu Maistre André de Hacqueuille Conseiller du Roy Maistre des Requestes & President au Grand Conseil nommé pour second President, afin de faire le serment pour ce regard, lequel a dit, apres luy auoir fait entendre par Monsieur le premier President ce qui fut le iour d'hier ordonné & arresté, toutes les Chambres assemblées, à ce qu'il eust à leuer la main pour faire & prester le serment de President en ladite Cour, qu'il supplioit tres-humblement la Cour & ledit sieur du Mayne de l'excuser s'il n'estoit venu à leur premier mandement, parce qu'il s'estoit trouué tout confus de l'honneur qui luy estoit fait contre son attente & merite, & de l'apprehension de cette grande

Charge en vn temps si miserable, auquel il recognoissoit peu de contentement & de repos d'esprit à ceux qui se meslent du public, ce qui auoit esté cause que depuis ces troubles, pour acquerir à son ame plus de tranquillité, il auoit choisi pour son partage la demeure de sa maison sans en bouger que le moins qu'il a peu sinon vn iour ou deux en la semaine qu'il vacquoit à l'exercice de son Estat de President au Grand Conseil, auquel il n'auoit pas beaucoup d'occupation, remercioit tres-humblement la Cour & ledit seigneur du Mayne de ce qu'il luy auoit pleu le tant honorer de l'auoir le iour d'hier tout d'vne voix & d'vn consentement vniuersel esleu & nommé à cette dignité, & de luy auoir fait donner aduis de cette deliberation par deux des Conseillers de ladite Cour, honneur qu'il n'auoit iamais apprehendé, n'y auoit oncques pensé ny aspiré, & qui passoit incomparablement son merite; que par la grace de Dieu il ne s'estoit iamais trompé au iugement qu'il faisoit de luy mesme, qu'il se cognoissoit incapable de cette Charge, & que la plus grande suffisance qu'il trouuast en luy estoit la recognoissance de son insuffisance, & que quand bien il auroit la capacité requise qu'il estoit tantost sexagenaire & affoibly de ce peu de force & de vigueur qu'il pouuoit auoir euë en l'ame cy-deuant, & encore plus debilité des forces de son corps qu'il luy estoit du tout impossible de porter la peine & fatigue de cette grande charge, & que la prenant il auroit tous les iours le desplaisir & regret de ne pouuoir satisfaire à l'expedition qu'ils auoient esperé de luy, & seroit aussi le public frustré du seruice & secours qu'il en pouuoit attendre, & que d'autres gens de bien de la Compagnie luy pouuoient apporter, s'il leur plaisoit les honorer de cette Charge & dignité, que s'il le pouuoit & auoit la force pour la bien faire qu'il sçait qu'il seroit obligé au peril de sa vie d'accepter cét honneur pour le seruice de Dieu, de la Iustice, & du public:

public: mais que son aage & indisposition l'exemptoit de cette coulpe, supplioit tres-humblement ladite Cour & ledit Seigneur du Maine en l'honneur de Dieu auoir pitié de luy, l'excuser de cette charge, & le renuoyer en sa maison auec le contentement de cét honneur, le plus grand qu'il ait iamais pû esperer, pour y attendre en quelque repos la misericorde de Dieu, lequel il s'obligeoit de prier toute sa vie pour leur prosperité & santé, & s'estant retiré & à l'instant rappellé, luy auroit dit que la Cour auoit arresté, que nonobstant sa declaration & excuse il feroit le serment, à quoy ayant encores remonstré qu'il pleust à ladite Cour & audit sieur du Mayne luy pardonner s'il estoit contraint de remonstrer quelque chose de consequence qu'il auoit obmis à dire, & qui estoit vn poinct principal, pour lequel il ne pouuoit accepter cette charge, qui est qu'il estoit President au Grand Conseil & seul exerçoit la charge, d'autant que le sieur d'Orcey Preuost des Marchands President auec luy, n'y pou-

H

uoit vacquer pour les grandes occupations de la Ville, que luy estant absent il ne restoit que six Conseillers, qui ne pouuoient faire Arrest, & demeuroit du tout ladite Compagnie du Grand Conseil esteinte & supprimée s'il s'en retiroit, & qu'il estoit obligé de son honneur & de sa conscience de laisser cette Compagnie entiere comme il l'a reçeuë de ses deuanciers; suppliant tres-humblement ladite Cour, quand il n'y auroit que cette consideration, qui est pertinente de l'excuser. Surquoy luy auroit esté dit, qu'il eust à faire le serment, & quand à l'Office de President au Grand Conseil ledit sieur Duc du Mayne y pouruoiroit; luy derechef oüy, & apres serment par luy fait, que pour paruenir audit Estat de President il n'auoit baillé, ne promis, ne esperance de donner par luy ou par autre or, argent, ne chose équipolent, *il a esté reçeu*, fait profession de la foy & Religion Catholique, Apostolique & Romaine qu'il a iurée. Apres le sieur President de Nully, qui a dit qu'il supplie ledit sieur Duc

de Mayenne le defcharger de cét Eftat,
luy a efté dit, qu'il euft à faire le ferment,
ce qu'il a fait comme deffus, & a efté receu en l'Eftat & Office de Prefident en ladite Cour. Ce fait ledit fieur le Maiftre
Aduocat du Roy mandé pour faire auffi
le ferment de Prefident, a dit qu'il remercioit tres-humblement la Cour & le fieur
de Mayenne de l'honneur qu'ils luy faifoient, & s'il fe cognoiffoit tel qu'il fe pûft
dignement acquitter de la charge de Prefident, de laquelle il leur plaift de l'honorer, il l'accepteroit volontiers pour faire
feruice au public : mais fupplioit ladite
Cour confiderer qu'outre ce que la doctrine, experience, & autres qualitez ne
font en luy, fon aage, qui eft de foixante
ans, & la difpofition de fa perfonne fujet-
te à la maladie des gouttes, calcul, & autres qu'il n'eft befoin de dire, font qu'il ne
pourroit dignement s'acquitter de cette
charge, joint la neceffité à laquelle l'injure du temps le reduit, & fçauent les
fieurs Procureur General &
Aduocat du Roy, fes compagnons pre-

H ij

sens, que pour ces causes & considerations depuis deux ans il a eu plusieurs fois volonté de se demettre de sa charge d'Aduocat du Roy, & supplier la Cour de l'en descharger, & l'eust fait sans l'honneur, contentement & grand'amitié qu'il a receu de ses compagnons: & par ces moyens a supplié tres-humblement ladite Cour & ledit sieur Duc de Mayenne de l'excuser, & si on luy veut tenir cette rigueur que de le continuer au seruice de ladite Cour & du public, le laisser en sa charge d'Aduocat du Roy, en laquelle il seroit content & plus capable de seruir au public qu'en l'Estat de President. Surquoy luy retiré, & la matiere mise en deliberation, puis remandé, luy a esté dit par Monsieur le premier President, que *la Cour* a ordonné qu'il feroit le serment de President. Ce fait apres serment tel que dessus, a esté receu en l'Estat de President & profession de foy, & l'a jurée.

Du Dimanche 4. Decembre 1591.

Ce iour de releuée le sieur Duc de   sic. Mayenne Lieutenant General de l'Estat & Couronne de France est venu en la Cour, en laquelle toutes les Chambres d'icelle assemblées, il a dit qu'il a reçeu à grand desplaisir ce qui s'est passé ce matin à l'endroit d'aucuns coulpables du miserable & detestable massacre & execution commis és personnes des deffuncts sieurs Brisson President en cette Cour, & Larcher Conseiller en icelle, & Tardif Conseiller au Chastelet de Paris : mais qu'il a esté contraint d'vser de force & violence, d'autant qu'on eust tombé en vn plus grand mal, estime que la Cour ne le trouuera mauuais, parce que ce qu'il a fait a esté pour le bien de la Iustice & descharge de sa conscience, sçait que les formes n'y ont esté obseruées, mais le temps y resiste, & par ainsi les longueurs n'y estoient requises, & considerant que l'acte commis miserablement és personnes desdits deffunéts sieurs Brisson, Larcher & Tardif, auroit esté aduoüé par aucuns qui n'y auroient iamais pensé, luy a semblé estre expedient d'vser de force enuers les plus coulpables, desquels il en a fait punir quatre, & de bailler abolition pour les autres, supplier la Cour de trouuer bon ce qu'il en a fait, comme l'ayant fait à bonne fin, & d'aduiser s'il baillera vne abolition aux autres, laquelle toutesfois luy semble estre profitable au public, de crainte qu'il n'aduienne pis, ne seroit toutesfois d'aduis d'y comprendre les nommez Crosme, Cochery, & celuy qui a seruy de Greffier audit massacre. Quant à celuy de la Bastille, a esté contraint de luy promettre la vie, de peur de venir aux cousteaux, & pour euiter vn plus grand mal, & en ostant cinq ou six de cette Ville, le reste ne se reünira, & par ainsi donnant ladite abolition auec la reseruation des dessusdits, & faisant sortir aucuns qu'il sçaura bien choisir, joint l'ordre que le sieur Gouuerneur de cette Ville y pourra donner auec les forces qui luy demeurent, &

du Parlement. 63

la prestation de serment, qu'il trouue bon que l'on fasse faire aux Collonels, Capitaines, Lieutenans & Enseignes de cette Ville, puis que cela seruira au repos public & tranquillité d'icelle, & d'autant que nos ennemis se voudroient preualoir de nos mal-heurs, il est expedient de se roidir plus que iamais contre les fauteurs d'iceux, promettant d'assister cette Compagnie plus que iamais, & faire en sorte qu'elle soit respectée & obeïe. Surquoy oüy le Procureur General du Roy, & la matiere mise en deliberation, *Ladite Cour*, toutes les Chambres assemblées, a loüé & approuué, loüe & approuue ce qui a esté fait par ledit sieur Duc du Maine, & pour le regard de ladite obligation, & de ceux qui doiuent estre exceptez, & autres qu'il sera necessaire faire absenter de cette Ville pour le salut & repos public & tranquillité d'icelle, & le serment desdits Collonels, Capitaines, Lieutenans & Enseignes, s'en remet à la clemence, discretion & prudence dudit sieur Duc de Mayenne.

Du 5. Decembre 1591. de releuée.

Sic. Ce iour les Collonels, Capitaines, Lieutenans & Enseignes de cette Ville de Paris, ont fait en la Cour toutes les Chambres assemblées, entre les mains de Monsieur le premier President, les sermens cy-apres inserez, en la presence du sieur Duc de Mayenne, Lieutenant General de l'Estat & Couronne de France, du sieur Comte de Belin Gouuerneur de Paris, & des Preuost des Marchands & Escheuins de la Ville, promis & iuré entretenir, garder & obseruer les sermens qu'ils ont signez, & desquels la teneur ensuit.

Sic. Nous Collonels, Capitaines, Lieutenans & Enseignes, &c.

Ext. Nota, que ledit acte de serment n'est acheué de transcrire au Registre.

Du 7. Decembre 1591.

Sic. Ce iour deux Escheuins sont venus supplier

supplier la Cour affifter en corps & robbes rouges à la Proceffion qui fera faite demain, & qui partira de l'Eglife de Paris pour aller allentour de la Cité, à laquelle doibt affifter & fe trouuer le Sieur Duc de Mayenne, ce qui a efté accepté, & à cette fin les Chambres affemblées.

Du Dimanche 8. Decembre toutes les Chambres affemblées.

Ce iour les Prefidens & Confeillers cy-deffus nommez, font partis de la Chambre du Parlement entre les neuf & dix heures du matin reueftus de robbes rouges & chapperons fourrez, & font allez à l'Eglife de Paris pour affifter à la Proceffion generalle qui s'eft faite ledit iour allentour de la Cité, à laquelle a affifté le Seigneur Duc de Mayenne Lieutenant General de l'Eftat & Couronne de France, enfemble à la grand" Meffe qui s'eft dite & celebrée en ladite Eglife, & fe font Meffieurs les premier

sic.

I.

Président & Président le Maistre fait excuser d'indisposition, pour laquelle ils n'ont peu assister à ladite procession.

Du 10. Decembre 1591.

sic.
Ce iour Maistre Anthoine Hotteman Conseiller au Chastelet de Paris, Aduocat en la Cour de ceans, & l'vn des Eschevins, mandé & enuoyé querir en l'Hostel de Ville venu, luy a esté fait entendre presens les Gens du Roy, que la Cour les Chambres assemblées, y assistant Monsieur le Duc de Mayenne, Lieutenant General de l'Estat & Couronne de France, auroit esté esleu & nommé en l'Office d'Aduocat du Roy en ladite Cour au lieu de Maistre Iean le Maistre, à present President, n'agueres Aduocat du Roy, vacquant par sa promotion audit Estat de President, à ce qu'il eust à faire & prester le serment pour ce requis, A dit qu'il supplioit la Cour l'en vouloir excuser, à quoi pour le Procureur General, a dit que la suffisance de Maistre Anthoi-

ne Hotteman, tant és Barreaux de cette Cour qu'és charges par luy exercées, ensemble sa modestie estant recognuë d'vn chacun, & aussi que comme tel il a esté choisi & nommé par la Cour, requiert qu'il ait à obeïr & prester le serment, sauf à ordonner sur son Estat de Conseiller au Chastelet, & charge d'Escheuin de cette Ville, sur ce a esté ordonné que que ledit Hotteman fera presentement le serment d'Aduocat du Roy ; & apres qu'il a affirmé n'auoir baillé, ne promis bailler ne faire bailler, ne promettre ou esperance de donner par luy ou par autre or, argent, ne chose equipollent, & outre de bien & deuëment exercer ledit Estat comme à vn bon & notable Aduocat du Roy en ladite Cour appartient, *Il a esté reçeu*, & fait profession de sa foy, Religion Catholique, Apostolique, & Romaine, qu'il a iurée.

Du dernier Decembre 1591.

Ce iour la Cour toutes les Chambres

assemblées, sur la Requeste faite par le Procureur General, à ce qu'il plûst à ladite Cour escrire à nostre Sainct Pere le Pape, pour le gratifier de son election, la matiere mise en deliberation, *Ladite Cour a arresté* & ordonné, qu'elle escrira à nostredit Sainct Pere le Pape, l'ayant premierement fait entendre à Monsieur le Duc de Mayenne Lieutenant General de l'Estat & Couronne de France, pour sçauoir s'il le trouuera bon, & qu'il sera prié de vouloir accompagner les lettres de ladite Cour & celle de la Ville des siennes.

Du 10. Ianuier 1592.

sic.   Ce iour oüy le Procureur General du Roy, *A esté arresté* qu'inhibitions & deffenses seront faites à son de trompe & cry public de faire aucunes assemblées, banquets, festins, ou violons en ces iours calamiteux, qu'il est tant requis de recourir à Dieu par prieres & oraisons.

du Parlement. 69

Du 16. Ianuier 1592.

Ce iour fur la remonftrance du Procureur General du Roy, *La Cour a ordonné* & ordonne que les liures, regiftres, tiltres & papiers eftans du trefor des Chartres du Roy trouuez en la maifon de deffunct Meffire Barnabé Briffon, n'agueres Prefident en ladite Cour, feront mis és mains dudit Procureur General, pour eftre remis audit trefor : & en ce faifant demeureront les vefue & heritiers dudit deffunct defchargez de ce qui fera par eux ou autres ayant charge d'eux defliuré audit Procureur General par fon recepicé fur vn bref inuentaire.   Sic.

Du 14. Feburier 1592.

La Cour a affifté à la Proceffion qui eft allée de la Saincte Chappelle à Noftre-Dame, où a efté portée la vraye Croix.   Ext.

I iij

Du 23. Mars 1592.

Sic. Ce iour Maistre Arnoul Boucher Conseiller du Roy en la Cour de ceans, a esté receu en l'Office de Greffier criminel de ladite Cour pour le tiltre seulement, suiuant l'Arrest du 20. iour de ce mois, & a fait le serment pour ce requis.

Du 4. Auril 1592.

Ext. Sur Requeste de plusieurs Bourgeois de Paris qui requeroient delay de payer leurs debtes iusques à ce que le commerce fust libre & qu'il eust pleu à Dieu donner vn Roy Catholique, *A esté ordonné*, qu'assemblée generalle sera faite Ieudy prochain en la Salle S. Louys.

Du 6. Auril 1592.

Sic. Ce iour le sieur de Belin Gouuerneur de Paris, est venu en la Cour, à laquelle il a dit & remonstré que le sieur Duc de

du Parlement. 71

Mayenne Lieutenant General de l'Estat & Couronne de France, luy a mandé de l'aller trouuer auec les forces qui sont en cette Ville pour cause importante & de grande consequence, ce que toutefois pour aduertir ladite Cour & s'acquitter du debuoir de sa charge il n'a voulu faire sans aduertir icelle, & auoir sur ce son aduis & consentement. Surquoy la matiere mise en deliberation, & apres luy auoir esté remonstré par Monsieur le President de Hacqueuille de la part de ladite Cour, le peril & danger auquel s'en allant & emmenant les forces qui sont icy, il mettroit cette ville, de laquelle depend la conseruation de la Religion & de l'Estat, *Icelle Cour*, l'a prié & requis de ne desemparer ny desgarnir cette Ville de sa presence, ny des garnisons & forces qui y sont, & de le faire trouuer bon audit sieur Duc de Mayenne.

Du 24. Auril 1952.

Veu par la Cour les Lettres Patentes *sic.*

du Duc de Mayenne Lieutenant General de l'Estat & Couronne de France, signées Senault, du 18. Iuillet 1591. scellées de cire jaune, aux fins de faire fabriquer en la monnoye de cette ville de Paris iusques à la somme de cinquante mil escus, des poids & alloy y mentionnez. Arrest de ladite Cour, par lequel a esté ordonné que lesdites lettres serót communiquées aux Generaux des Monnoyes, pour sur icelles bailler leur aduis, ledit aduis signé Hacq, du 19. Fevrier dernier passé. Conclusions sur ce du Procureur General, & tout consideré, *Ladite Cour dit*, qu'elle ne peut proceder à la verification desdites Lettres.

Du 8. May 1592.

sic.   Ce iour sur la plainte & remonstrance faite à la Cour, toutes les Chambres assemblées, par Maistre Anthoine Ferrand Conseiller au Chastelet de Paris, de ce qu'il a esté aduerty que le iour d'hier vn Cordelier preschant en l'Eglise Sainct André

du Parlement.

André des Arts, en sa predication fit priere pour vn innocent nommé du Iardin, qui auoit esté iugé par ses parties solliciteurs & bourreaux, Dit qu'il a fait le procez audit Iardin de l'ordonnance de la Cour, apres trois Arrests d'icelle, & assisté au jugement dudit procez, & est ledit Iardin appellant en la Cour de ceans, en quoi ne se trouuera qu'il ait rien fait sinon tout office de bon Iuge, requerant justice luy estre faite desdits propos injurieux, Oüy aussi le Procureur General du Roy en ses Remonstrances & conclusions, & la matiere mise en deliberation, Ladite Cour, toutes les Chambres assemblées, *A ordonné & ordonne*, qu'il sera informé à la requeste dudit Procureur General desdits propos & autres scandaleux & iniurieux contre ladite Cour & aucuns Officiers de la Iustice, que l'on dit auoir esté tenus le iour d'hier & autres iours precedens, par quelques personnes que ce soit, & contre ceux qui ont jetté és Chaires d'aucuns Predicateurs, ou à eux baillé des billets & memoires diffama-

K

toires fuggillant l'honneur de ladite Cour, le tout tendant à fedition & pour efmouuoir le peuple contre icelle Cour & autres Officiers de Iuftice, enfemble du contenu au procés verbal de l'Huiffier qui a fait perquifition au logis d'vn nommé Thomaffe, & pour cét effect a commis & commet Maiftres Pierre Michon & Pierre Damours Confeillers en ladite Cour, pour les informations faites & rapportées pardeuers elle, & communiquées au Procureur General du Roy eftre procedé allencontre des delinquans & coulpables ainfi qu'il appartiendra par raifon, & outre que le fieur Comte de Belin Gouuerneur de Paris fera prié, & enjoint au Preuoft des Marchands prefent de faire Affemblée des Colonels & Capitaines de cette Ville, pour les exhorter de veiller foigneufement & tenir la main à la conferuation d'icelle, au repos public, tranquillité & feureté des habitans, à l'obeiffance deuë aux Magiftrats, & de faire en forte que le refpect & la force demeurent à la Iu-

du Parlement.

ſtice; & outre ordonne que l'Arreſt cy-deuant donné le douzieſme iour de Septembre 1589. ſera leu & publié à ſon de trompe & cry public par les carrefours de cette ville de Paris, afin qu'il ſoit entretenu, gardé & obſerué, & qu'aucun n'en puiſſe pretendre cauſe d'ignorance.

Du 9. May 1592.

Ce iour ſur ce que deux Eſcheuins de la Ville ſont venus remonſtrer à la Cour que les années paſſées le douzieſme iour de ce mois, pour la memoire de la iournée des Barricades, ont eſté faites proceſſions generalles en Robbes rouges, afin qu'il pleuſt à ladite Cour pour meſme raiſon ordonner Mardy prochain 12. iour de ce mois eſtre faite pareille proceſſion en Robbes rouges en telles Egliſes & par tel chemin qu'elle aduiſera: Oüy les Gens du Roy preſens, la matiere miſe en deliberation, & veu les Regiſtres des vnze & douzieſme iour de May 1591. *A eſté arreſté*, que Mardy pro-

sic.

chain la Cour partira de ceans en corps & Robbes rouges pour aller en l'Eglise de Paris, & de là aller allentour de la Cité comme l'année passée, assister à la grand'Messe qui sera dite en ladite Eglise de Paris.

Du Mardy 12. May 1592.

Ext. Ladite procession comme dessus, de l'Eglise Nostre-Dame aux Augustins.

Du 23. Iuillet 1592.

Sic. Sur ce que le Procureur General du Roy a remonstré à la Cour, qu'il a eu aduertissement d'vne Assemblée qu'on dit auoir esté faite en cette Ville en la maison de quelque particulier, où l'on pretend auoir esté tenus propos contre la personne du sieur Duc de Mayenne, & que le Lieutenant Criminel en ayant eu le premier aduis fit difficulté d'en informer sans le commandement de la Cour, requerant y estre par elle pour-

du Parlement.

ueu: Oüy ſur ce Maiſtre Iean le Bour-guignon Aduocat du Roy au Chaſtelet de Paris, & la matiere miſe en delibera-tion, *La Cour* a enjoint & enjoint audit Lieutenant Criminel d'en informer, pour l'information faite & rapportée pardeuers ladite Cour & communiquée au Procureur General du Roy eſtre or-donné ce que de raiſon.

Du 29. Iuillet 1592. toutes les Chambres aſſemblées.

Sur Lettres patentes du Duc de Mayen-ne pour leuer ſur chacun minot de Sel aux greniers de Ponthoiſe, Meaux, La-gny, Sens, Beauuais, Dreux, Chartres, Amiens, Abbeuille, Soiſſons, Laon, & Chambres dependantes deſdites Villes, qui ſont & ſeront de l'Vnion, vn eſcu ſol pour chacun minot de Sel, iuſques à ce que par ledit Sieur & l'Aſſemblée des Eſtats en ait eſté autrement ordonné, & outre qu'il ſera leué au Grenier à Sel de Paris demy eſcu outre ledit eſcu pour

Ext.

l'Hostel-Dieu, *A esté ordonné*, que lesdites Lettres seront regiſtrées pour auoir lieu durant deux ans, ſi tant les Troubles durent, à la charge que leſdits deniers de l'eſcu ſeront employez ſuiuant le departement fait au Conſeil d'Eſtat le 19. Aouſt 1591.

Du 5. Aouſt 1892.

Ext. Sur remonſtrance du Preuoſt des Marchands & Eſcheuins, deffenſes ſont faites de prendre par execution & ſaiſies les armes des habitans de Paris pour debtes ny condemnations.

Du Dimanche 30. Aouſt 1592. Meſſieurs au nombre de trois Preſidens, Monſieur de Belin Gouuerneur, & les Conſeillers.

sic. Ce iour Meſſieurs deſſus nommez aſſemblez au Parlement reueſtus, aſſauoir les Preſidens & Conſeillers, de leurs robbes & chapperons d'eſcarlatte, ſont partis sur les neuf heures & allez en l'Eglise Nostre-Dame, & ont assisté à la procession qui a esté faite dans ladite Eglise.

Du 31. Decembre 1592.

ROOLE DE MESSIEVRS
ACTVELLEMENT SERVANS
en la Cour.

En la Grand' Chambre.

MESSIEVRS,

M. Chartier,	Premier.
A. de Hacqueuille,	
E. de Nully.	Presidens.
I. le Maistre.	

Messieurs E. Fleury, P. Michon, H. Anroux, E. Molé, I. Courtin, De Montholon, F. Briçonnet, I. du Four, P. Damours, I. le Iau, Ph. Iabin, I. du Tillet, Ph. le Masnier, de Heere, I. Bellanger, **L. Seguier**, G. du Vair, H. de Villars.

Roolle de Meßieurs les Maiſtres des Reque-
ſtes eſtans de preſent en cette Ville de
Paris. Fait le 27. Aouſt 1592.

Meſſieurs Bruſlard, Hennequin, Boucher, Brandon, Tronçon, Charlet.
   Signé, N. BRVSLARD.

Roolle de Meßieurs actuellement ſeruans en
la premiere Chambre des Enqueſtes.
Ce iourd'huy 19. Aouſt 1592.

Meſſieurs Delandes, Rubentel, Midorge, Foucher, le Coigneux, Houderon, de Bordeaux, de Maſchault, Tournebus, Pinon, Fayet, le Menouſt, de Hacqueuille, le Preſtre, Bagereau.

Roolle de tous Meßieurs des Enqueſtes
actuellement ſeruans.

Meſſieurs A. Hennequin, N. de la
Haye, G. de Pleures, P. Leſcalopier,
O. le Febure, O. le Boſſu, R. de Gouſ-
ſancourt,

du Parlement.

fancourt, I. Delandes, D. Rubentel, A. Feydeau, N. Cheualier, I. Midorge, H. Foucher, I. le Picard, I. Veau, I. le Coigneux, I. Houdron, C. Boucher, I. de Bordeaux, Gaudart, le Clerc, Lallemand, Alleaume, de Soulfour, Despinoy, de Machault, Tournebus, Boucher, Riconard, Marillac, Pinon, Fayet, de Hacqueuille, Bourgeois.

Gens du Roy.

Messieurs Dorleans & Hotteman, Aduocats.

Greffiers.

Monsieur du Tillet Greffier Ciuil.

La veufue & heritiers de feu Maistre François Tronçon.

Le Masson.

Monsieur Foullé Greffier des Presentations.

La veufue & heritiers de feu Monsieur le President Brisson, & les heritiers de feu Maistre Claude Larcher.

Roolle des Huißiers de la Cour, qui sont de present en cette ville faisant le seruice en ladite Cour.

Maistres Iacques Baston, Nicolas Cordelle, Iean Ferre, Iacques Malingre, Pierre Rouget, André Choppin, Philippes Lasnier, Iean de Cosses, Fremin le Lieure, Claude Vatier, Raoul Hebert, Michel Sagot.

Ext. Requeste par laquelle Iean Bollin Huissier en la Cour se plaint que ses compagnons ne l'ont compris audit Roolle, par oubliance ou mespris, & requiert y estre compris & immatriculé.

Du 10. Septembre 1592.

Ext. Arrest sur Requeste, des Marchands qui ont contracté pour le commerce du Sel, tant auec le Duc de Mayenne qu'auec le Roy de Nauarre, par lequel mainleuée leur est faite en payant le droict

du Parlement. 83

d'vn escu pour minot de Sel qui montera en Champagne & Bourgongne, suiuant l'Arrest & Ordonnance de la Cour.

Du 21. Octobre, toutes les Chambres assemblées.

Ce iour le sieur Comte de Belin Gouuerneur de cette Ville de Paris, & les Preuost des Marchands & Escheuins de ladite Ville sont venus en la Cour, à laquelle ils ont proposé, qu'il est expedient & tres-necessaire d'enuoyer & deputer aucuns, tant du Corps de ladite Cour que de la Ville, pour aller vers le sieur Duc de Mayenne Lieutenant General de l'Estat & Couronne de France, afin de representer les affaires, estat & miserable condition de cette Ville, & les extrêmes necessitez esquelles les habitans d'icelle sont reduits, offrant ledit sieur Gouuerneur y aller en personne ; comme aussi ont lesdits Preuosts des Marchands & Escheuins supplié la Cour de les authoriser de deputer aucuns du

sic.

L ij

Corps de la Ville fans pour ce faire aucune Affemblée generalle, ou bien qu'il plaife à ladite Cour d'en nommer & deputer elle mefme ; & aufsi de deputer de fa part aucuns des Prefidens ou Confeillers d'icelle ; Surquoy la matiere mife en deliberation, ladite Cour, toutes les Chambres affemblées, *A arrefté & ordonné*, de deputer aucuns des Confeillers d'icelle pour l'effect que deffus, & de fait a nommé & deputé Maiftres Edoüard Molé, Pierre Damours, & Louys Seguyer Confeillers en icelle ; & pour le regard de l'offre faite par ledit fieur Gouuerneur d'y aller en perfonne, s'en eft remife à fa difcretion & prudence ; comme aufsi elle a remis aufdits Preuoft des Marchands & Efcheuins de deputer en affemblée particuliere telles perfonnes qu'ils aduiferont & verront bon eftre, pour tous enfemble fe tranfporter vers le fieur Duc du Mayne, & luy remonftrer & reprefenter les affaires, eftat & miferable condition de cette Ville, les extrêmes necefsitez & captiuité efquelles les Habitans d'icelle sont reduits, & le supplier d'y aduiser & pourueoir aux affaires & conseruation de ladite Ville & eslargissement des habitans d'icelle.

Du 27. Octobre 1592.

Ce iour les Chambres assemblées, & lecture faite des Bulles & facultez de la Legation du Cardinal de Plaisance Legat en France, ensemble les Lettres patentes de Monsieur le Duc du Mayne Lieutenant General de l'Estat & Couronne de France, pour proceder à la verification d'icelles; Conclusions du Procureur General du Roy, la matiere mise en deliberation.

Sic.

Nota, que le dispositif de ladite deliberation n'est point enregistré.

Du dernier Decembre 1592.

Ce iour veu par la Cour l'information faite de son Ordonnance à la requeste du

Sic.

L iij

Procureur General du Roy, sur la vie, mœurs & Religion de Charles de Pelué Archeuesque & Duc de Rheims, premier Pair de France, ensemble les conclusions du Procureur General du Roy, la matiere mise en deliberation, *A esté arresté*, que ledit sieur Cardinal sera receu à faire l'Office de Conseiller en ladite Cour, comme premier Pair de France, en faisant par luy le serment en tel cas requis & accoustumé, & profession de la foy Catholique, Apostolique & Romaine, suiuant l'Ordonnance, à tant ledit sieur venu, apres serment par luy fait, la main mise & apposée au pis, de bien & deuëment exercer l'Estat & Office de Conseiller en ladite Cour comme premier Pair de France à cause de l'Archeuesché de Rheims, tenir les deliberations de la Cour closes & secrettes, il a esté receu & fait profession de la foy & Religion Catholique, Apostolique & Romaine.

Du Dimanche 17. Ianuier 1893.
tous Messieurs assemblez.

Ce iour Messieurs cy-deuant nommez se sont assemblez en la Chambre du Parlement, reuestus de Robbes & chapperons rouges, & sur les neuf heures sont allez en l'Eglise Nostre-Dame de Paris, & assisté à la procession generalle qui s'est faite allentour de la Cité, où estoient le sieur Cardinal de Plaisance Legat en France faisant l'Office, assisté de plusieurs Archeuesques & Prelats, le sieur Duc de Mayenne Lieutenant General de l'Estat & Couronne de France, le sieur Comte de Belin Gouuerneur de Paris, les Gens des Comptes, les Generaux de la Iustice des Aydes, & la Ville & Recteur, en ladite Eglise, a esté dite & celebrée la Messe du S. Esprit par ledit sieur Legat, pour inuoquer & implorer la grace de Dieu & du benoist S. Esprit, à ce que ce qui sera fait, dit, proposé & arresté és Estats qui se doiuent tenir ces iours prochains soit à la gloire de son Sainct Nom, conseruation de la Religion Catholique, Apostolique & Romaine, & de l'Estat, repos & tranquilité de ce Royaume, & à la liberté & soulagement du pauure peuple.

Du 19. Ianuier 1593.

sic. Ce iour les Preuost des Marchands & Escheuins sont venus supplier la Cour, suiuant ce qui fut fait l'année passée à pareil iour qu'il sera demain, assister à la procession generalle, pour rendre graces à Dieu du bien receu, de les auoir empeschez & gardez de la surprise de la Ville par gens fort mal-affectionnez au party, l'ayans cuidé surprendre par le moyen de tumbreaux, charrettes & cheuaux chargez, qu'ils esperoient faire entrer, & parmy cela s'en rendre maistres, dont par sa diuine prouidence les a gardez, iceux en ayant parlé à Monsieur le Duc du Mayne & au Legat, qui l'ont trouué bon.

Du

du Parlement.

Du Samedy 23. Ianuier 1593.

Ce iour le Procureur General du Roy a dit à la Cour, toutes les Chambres assemblées, que le iour d'hier il auroit esté mandé par Monsieur le Duc de Mayenne, lequel luy auroit fait entendre que son desir estoit que la Cour deputast aucuns de Messieurs les Conseillers d'icelle pour se trouuer à l'Assemblée dont il auroit esté deliberé faire ouuerture Lundy prochain ; Surquoy il luy auroit esté remonstré, que comme cy-deuant il auoit enuoyé Lettre à ladite Cour à mesme fin, elle luy auroit fait responce vne ou deux fois, que ce qui a esté arresté aux Estats estoit subjet à verifier au Parlement, ce qui fait que ladite Cour n'a accoustumé de deputer, afin que l'on ne prist argument qu'elle fust informée & satisfaite des cahiers sur lesquels auroit esté deliberé aux Estats ; A quoy ledit Sieur de Mayenne auroit insisté & dit, qu'il n'en auoit oncques esté tenu pour

sic.

tel subjet que celuy sur lequel estoit la principalle proposition est, assauoir de remedier à nos maux pour l'inter-regne auquel nous sommes tombez par l'esle-ction d'vn Roy, ou par tout autre con-seil qui seroit trouué plus salutaire, & que à cette fin il auroit conuié tous les Princes & Prelats de ce Royaume, & au-tres generallement, desquels il auoit esti-mé le conseil estre profitable à la France, & voudroit que tous les meilleurs esprits y peussent assister, & sçachant qu'à la Cour y a des personnes principalles de ce Royaume il desireroit qu'elle y vou-lust deputer aucuns, mesmement pour assister à ladite deliberation de ladite eslection d'vn Roy, de laquelle le conseil estant pris seroit bien tard de s'addresser à la Cour de Parlement pour la verifier. Et quant à ce qui concerne le reglement de la Iustice, Finances, & autres choses de l'Estat, ladite Cour pourroit ordon-ner que les deputez d'icelle n'y assiste-roient point si elle le trouuoit bon, & s'en remettoit à elle: mais estimoit qu'il

du Parlement.

importaſt au Parlement que chacun recognuſt ſon affection de ſe trouuer à vn affaire ſi important: & a ledit Procureur General requis qu'il pleuſt à la Cour en deliberer. Luy retiré, & la matiere miſe en deliberation, l'heure a ſonné, & a eſté ladite deliberation remiſe à Lundy.

Du Lundy 25. Ianuier 1593.

Ce iour la Cour toutes les Chambres d'icelles aſſemblées, en continuant la deliberation commencée Samedy dernier, *A arreſté,* qu'il ſera nommé des Preſidens & Conſeillers d'icelle pour ſe trouuer à l'ouuerture & aſſemblée des Eſtats, leſquels pourront neantmoins aſſiſter & opiner à ce qui ſera verifié en ladite Cour pour le fait deſdits Eſtats comme s'ils n'auoient aſſiſté en iceux: & apres que ledit ſieur de Belin preſent a prié ladite Cour vouloir preſentement proceder à ladite nomination, d'autant que ſi elle euſt eſté faite le dernier iour l'ouuerture deſdits Eſtats euſt commencé aujour-

sic

d'huy: La matiere mise derechef en deliberation, *Ladite Cour* a commis & commet Messieurs Chartier premier, de Hacqueuille Presidens, Fleury, Hennequin, Mollé, Briçonnet, Damours, Bellanger, le Bossu, & Delandes Conseillers, & arresté que ledit sieur premier President sera aduerty par deux des Conseillers de ladite Cour de la presente nomination, & sera prié de la part d'icelle la vouloir accepter si sa santé le peut permettre, & pour ce faire ont esté commis Maistres Iean le Coigneux & I. de Mesme.

Du 16. Feburier 1593.

sic. Ce iour veu par la Cour l'information faite de son Ordonnance à la requeste du Procureur General du Roy, sur la vie, mœurs Religion Catholique de Messire André de Brancas sieur du Villars pourueu de l'Estat & Office d'Admiral de France, ensemble les conclusions du Procureur General du Roy, la matiere mise en deliberation, *A arresté*, qu'il sera receu audit Office en faisant le serment & profession de foy; & à cette fin seront les Lettres leuës en l'Audiance de ladite Cour le matin, & que nonobstant tout ce qui a esté par luy exhibé il n'aura sçeance au Conseil ny voix deliberatiue en ladite Cour, & à l'instant entré a fait le serment.

Du 2. Mars 1593.

Sur requeste presentée au Conseil & Ext. renuoyée par le Conseil en la Cour, presentée par les Bourgeois & Marchands de Paris afin de delay, du moins iusqu'à la resolution des Estats, suiuant l'Arrest du Conseil du quinziesme Decembre, pour tous arrerages de rentes & debtes ciuiles creées auparauant le mois de Ianuier 1592. & despens, ausquels ils sont obligez & condamnez, conformement à l'Arrest donné au profit des Colonels & Capitaines de ladite Ville, à la reserue toutesfois des loyers des Maisons, deniers en depost, lettres de change, deniers receus pour estre rendus à Paris sans profit, deniers Royaux, & autres debtes creées depuis ledit premier Ianuier 1592. Veuë la deliberation & aduis fait en vne Assemblée en la Salle de S. Louys, *La Cour*, sans s'arrester à ladite Requeste, & pour aucunes causes, ordonne que la surceance portée par les Arrests des 29. Ianuier & 19. Auril derniers, & autres depuis donnez, cōtinuera iusques au iour S. Iean prochain, pendant lequel temps se pourront pouruevoir en ladite Cour par Requeste, sçauoir les creanciers pour auoir asseurance, & les debiteurs pour auoir terme, à la reserue cy-dessus.

Du 20. Mars 1593.

Sic. La Cour sur la requeste faite par le Procureur General du Roy a fait & fait inhibitions & deffenses aux Receueurs & Payeurs des gages de ladite Cour, & leurs Commis, de payer aucuns gages à

du Parlement. 95

autres que ceux qui font nommez en la lifte qui a efté nommée, dreffée, & fignée par l'Ordonnance d'icelle, foient Prefidens, Confeillers, ou autres Officiers, fur peine de le repeter fur eux & du quatruple.

Du 24. Mars 1893.

Veu par la Cour les Lettres patentes du Lieutenant General de l'Eftat & Couronne de France, en datte du 18. de ce mois, Signées MARTEAV, par lefquelles de l'aduis des trois Eftats de ce Royaume affemblez en cette Ville de Paris, eft deffendu à tous Gouuerneurs, Capitaines des Villes, Chafteaux, & places fortes, & tous autres, de quelque qualité & condition qu'ils foient, de dorefnauant prendre & exiger aucuns deniers des Tailles, Aydes & Gabelles, ny faire ou faire faire aucune nouuelle vente, impofition, affiette ou departement des deniers extraordinaires, fur les Villes & plat-pays, ou fur les prifes & ventes de marchandises qui passeront par les Villes, Bourgs, Bourgades, ponts, & autres lieux sans lettres de permission verifiées, à peine de restitution contr'eux & leurs heritiers iusques à la quatriesme generation, excepté les impositions mentionnées esdites Lettres, les conclusions du Procureur General du Roy, & tout consideré, *Ladite Cour a ordonné*, & ordonne, que lesdites Lettres seront leuës, publiées & regiſtrées en icelle, oüy & requerant le Procureur General du Roy.

Du 28. Auril 1593.

Ex. Ordonné que les Officiers du Chastelet & de la Ville, & les Intendans de la police, s'assembleront pour aduiser les moyens de faire tenir les places & marchez garnis de bled, & que lesdits Intendans & Officiers de la Ville exhiberont leurs Regiſtres des arriuages & diſtributions, & permiſſions d'enleuer des bleds.

Du

Du 12. May 1593.

Ce iour Messieurs, cy-deuant nommez, se sont assemblez en la Chambre de Parlement, & sur les neuf heures du matin en sont partis reuestus de leurs Robbes & chaperons rouges, & sont allez en l'Eglise de Paris, pour assister à la procession generale qui s'est faite ledit iour, & sont allez de ladite Eglise en l'Eglise & Monastere Saincte Croix de la Bretonnerie, auec les reliques du chef de Sainct Philippes, l'Image Nostre Dame, & la vraye Croix de ladite Eglise, qui estoit portée sous vn Ciel, & estans deuant ladite Eglise de Saincte Croix, sont sorties d'icelle les Chasses de Sainct Denys, Sainct Eleuthere, & Sainct Rustic, L'escran de Sainct Charlemagne, le Chef Sainct Denys, la Chasse Sainct Louys, & autres reliques du tresor de Sainct Denys estans audit Monastere Saincte Croix, lesdites Chasses, Chef Sainct Denys, & reliques portées par les Euesques, & la Chas-

sic.

se Sainct Louys portée par Messieurs les Conseillers de ladite Cour, au lieu des Cheualiers de l'Ordre, les deux Bannieres de Nostre Dame & de Sainct Denys marchans, lesdites reliques, apres lesquelles marchoit l'Eglise Nostre Dame, & les Religieux dudit Saint Denys estans nuds pieds, & apres ladite vraye Croix estant sous le Ciel, qui estoit porté par les sieurs de la Chastre, du Rosme, & de Belin, du Saulsaises, & autres Seigneurs, & apres ledit Ciel marchoit Monsieur le Legat accompagné de plusieurs Euesques & Prelats, apres marchoient les Gentils-hommes de Messieurs les Princes presens, & les Gardes de Monsieur le Duc de Mayenne Lieutenant General de l'Estat & Couronne de France, apres marchoient ladite Cour de Parlement, à main dextre les Huissiers d'icelle deuant deux à deux, deux des quatre Nottaires, & le Greffier Ciuil reuestu de son epitoge, & auec Monsieur le President de Nully, qui estoit seul de Messieurs les Presidens à ladite procession, pour la maladie & empefchement des autres, marchoient ledit fieur Duc de Mayenne & Monfieur le Duc de Guife fon nepueu, apres eux Meffieurs les Ducs d'Aumale & d'Elbeuf, & apres Meffieurs de ladite Cour deux à deux, à la feneftre Meffieurs les Gens des Comptes, & apres la Cour des Aydes, & les Preuoft des Marchands & Efcheuins de cette Ville de Paris & autres Officiers, & en cét ordre font retournez en l'Eglife de Paris, où apres l'exhortation faite par Boucher Docteur en Thelogie Curé de Sainct Benoift, a efté dite & celebrée la grand' Meffe par Monfieur le Cardinal de Pelué Archeuefque & Duc de Rheims, premier Pair de France, les Religieux de S. Denys faifant les Diacre & Soubs-Diacre, & icelle dite & celebrée, fe font lefdits fieurs Princes & Ducs du Maine, de Guyfe, d'Aumale & d'Elbeuf, & autres Seigneurs retirez, & ont lefdits Corps Sainéts, Chaffe S. Louys, & reliques efté reportez comme deffus audit Monaftere Saincte Croix, affiftez defdits Religieux Saint Denys, defdits fieurs

Legat, Euesque & Prelats, de ladite Cour, Gens des Comptes, Cour des Aydes, Preuost des Marchands & Escheuins, & autres Officiers de la Ville.

Du 18. Iuin 1593.

Sic.   Ce iour veu par la Cour l'information faite de son Ordonnance à la requeste du Procureur General du Roy, sur les vie, mœurs & conuersation Catholique, Apostolique & Romaine de Messire Claude de la Chastre Cheualier de l'Ordre du Roy, Capitaine de cent hommes d'Armes des Ordonnances, Gouuerneur & Lieutenant General és Prouinces & Duché d'Orleans & Berry, pourueu de l'Estat de Mareschal de France, ensemble les Lettres de prouision dudit Estat, Conclusions du Procureur General du Roy, & la matiere mise en deliberation, *A esté arresté*, que ledit sieur de la Chastre sera ce matin à l'Audiance receu audit Estat, apres que les oppositions sur ce faites auront esté leuées, & à faire profession de la foy & Religion Catholique.

Du 16. Iuillet 1593.

Sur Lettres Patentes, par lesquelles le Lieutenant General de l'Estat, ordonne & establist pour Gouuerneur & Lieutenant General soubs son authorité és Prouinces de Poictou & pays d'Aulnis Messire Charles de Cossé Comte de Brissac, & autres Lettres, par lesquelles il fait ledit de Brissac Mareschal de France, *A esté ordonné*, que lors que l'impetrant se presentera en ladite Cour, il sera pourueu sur lesdites Lettres. *Ext.*

Et a esté arresté que si autres se presentent cy-apres pour estre reçeus en l'Estat de Mareschal de France, ledit sieur de Cossé sera preferé & precedera celuy qui sera reçeu. *sic.*

Pareil Arrest & pareil arresté sur semblables prouisions pour Messire Iean de Saulx Vicomte de Tauannes Cheualier de l'Ordre. *Ext.*

Du 17. Iuillet 1593.

sic.   Veu par la Cour la requeste presentée par Me Iean Baptiste de Machault Conseiller en icelle, par laquelle attendu qu'il a esté mis sur le roolle des Presidens & Conseillers de ladite Cour, qui doiuent estre payez de leurs gages de la nouuelle imposition sur le Sel, ce neantmoins le Payeur de ladite Cour faisoit difficulté de le payer, sous couleur qu'en l'an 1589. il luy auoit baillé vne quittance pour se faire payer à l'Espargne de partie de ses gages, encores que ladite quittance n'ait esté baillée que pour colorer quelque gratification que Monsieur le Duc de Mayenne vouloit faire au suppliant, qui ne doibt tourner à son preiudice, pour reculer le payement de quatre années de gages à luy deubs : A ces causes requeroit luy estre sur ce pourueu, & tout consideré, ladite Cour ayant esgard à ladite requeste, A ordonné & ordonne, que le suppliant sera payé de ses gages par le Re-

du Parlement. 103

ceueur & Payeur d'icelle au fur des autres Conseillers de ladite Cour.

Du 22. Iuillet 1893.

Sur prouisions obtenuës par Messire Anthoine de Sainct Paul Lieutenant general en Champagne, Brie, & Retelois, de l'Estat de Mareschal de France, *A esté arresté* qu'il sera receu. Ext.

Lettres closes du Roy, enuoyées à sa Cour de Parlement de present seant à Tours, en datte du 25. Iuillet 1593.

NOs Amez & feaux, suiuant la promesse que nous feismes à nostre aduenement à cette Couronne par la mort du feu Roy, nostre tres-honoré seigneur & frere dernier decedé (que Dieu absolue) & la conuocation par nous faite des Prelats de nostre Royaume, pour entendre à nostre instruction par nous tant desirée, & tant de fois interrompuë par les artifices de nos ennemis. Sic.

Enfin nous auons, Dieu mercy, conferé auec lefdits Prelats & Docteurs affemblez en cette ville pour cét effect, des poincts fur lefquels nous defirions eftre efclaircis. Et apres la grace qu'il a pleu à Dieu nous faire, par l'infpiration de fon S. Efprit, que nous auons recherchée par tous nos vœux & de tout noftre cœur, pour noftre falut: & fatisfaits par les preuues qu'iceux Prelats & Docteurs nous ont renduës par les Efcrits des Apoftres, des Saincts Peres & Docteurs receus en l'Eglife. Recognoiffant l'Eglife Catholique, Apoftolique & Romaine eftre la vraye Eglife de Dieu, pleine de verité, & laquelle ne peut errer, Nous l'auons embraffée, & nous fommes refolus d'y viure & mourir, & pour donner commencement à ce bon œuure, & faire cognoiftre que nos intentions n'ont eu iamais autre but que d'eftre inftruits fans aucune opiniaftreté, & d'eftre éclaircis de la verité & de la vraye Religion pour la fuiure; Nous auons efté ce iourd'huy à la Meffe, & ioint & vny

nos

du Parlement.

nos prieres auec ladite Eglise, apres les ceremonies necessaires & accoustumées en telles choses, resolus d'y continuer le reste des iours qu'il plaira à Dieu nous donner en ce monde : dont nous auons bien voulu vous aduertir pour vous réjouïr d'vne si agreable nouuelle, & confondre par nos actions les bruits que nosdits ennemis ont fait courir iusques à cette heure, que la promesse que nous en auions cy-deuant faite, estoit seulement pour abuser nos bons subjects, & les entretenir d'vne vaine esperance, sans aucune volonté de la mettre à execution. Vous prians d'en faire rendre graces à Dieu par processions & prieres publiques, afin qu'il plaise à sa diuine bonté nous confirmer & maintenir le reste de nos iours en vne si bonne & saincte resolution : & nous le prierons qu'il vous ait, nos amez & feaux, en sa saincte & digne garde. Escrit à S. Denys en France ce Dimanche 25. Iuillet 1593. Signé, HENRY. *Et plus bas*, RVZE'.

Declaration du Roy, faite à Mante le 27. Decembre 1593.

Sic.

HENRY par la grace de Dieu Roy de France & de Nauarre, A tous ceux qui ces presentes lettres verront, Salut: Nous recognoissons qu'apres le repos eternel nous ne pouuions desirer de Dieu vne plus grande grace que celle qu'il nous a faite, de nous donner la resolution de receuoir instruction en la Religion Catholique, Apostolique & Romaine, & d'en faire apres la profession que nous en auons faite, pour y viure & mourir, comme ont fait les Roys nos predecesseurs: dequoy nous resentons en nostre ame vn tel contentement, que nous benissons incessamment l'heure & le iour que ce bon-heur nous est aduenu, duquel nous iouissons auec autant plus de reueréce & en perpetuelle action de graces, que nous sçauons l'auoir receu de la seule bonté de nostre Dieu par l'inspiration de son S. Esprit, qui a fait en cela vn œuure de sa diuine prouidence si visible. Qu'ainsi que nous ne presumons point en meriter enuers le monde aucun honneur & gloire, aussi n'estimons nous pas que personne nous puisse imputer que nous y ayons esté esmeus par aucune consideration temporelle, ny rien trouuer à blasmer & redire en la substance & en la forme de l'acte public & solemnel qui s'en est ensuiuy, y ayant pour nostre regard apporté toute la sincerité de cœur, de zele & d'affection qu'il nous a esté possible : & pour les formes exterieures, toutes les reigles & ceremonies ordonnées de l'Eglise, & par les saincts Decrets, y ayant esté selon leurs degrez soigneusement obseruées, nostre instruction nous ayant esté donnée à plusieurs & diuers iours par vn bon nombre choisi de Prelats, des plus anciens & des mieux qualifiez, pour la probité, bonne vie, & pour la doctrine & cognoissance des sainctes lettres, qui soient en ce Royaume, & de plusieurs Docteurs en la sacrée Faculté de Theologie. Nostre-dite instruction apres suiuie de nostre repentence & confession de foy, puis de l'absolution que nous en auons receuë, & par apres de nostre admission par eux en l'Eglise à la veuë de tout le peuple, & auec vne telle allegresse & applaudissement que l'air retentit des loüanges & Cantiques qui en furent enuoyez au Ciel, non seulement par nos bons subjets, qui ne se sont point departis de nostre obeïssance, mais par ceux mesmes qui en ont esté desuoyez, specialement de nostre ville de Paris, qui y estoient accourus à grandes trouppes pour estre spectateurs de ce sainct mystere: Auquel si nous auons desiré l'interuention de l'authorité de nostre S. Pere le Pape, les Princes, Prelats, Officiers de cette Couronne, & autres sieurs de nostre Conseil, tous Catholiques, sous le nom desquels fut depesché vers sa Sainteté le sieur Marquis de Pizany dés le mois d'Octobre 1592. nous en sont bons tesmoins, auec la longue patience qu'auons euë pour en attendre l'effect: mais les artifices des Espagnols, & le trop de pouuoir qu'ils ont vsurpé à Rome sur la liberté qui y doit estre commune, iusques à y entre-mesler des menaces enuers sa Saincteté (comme c'est chose notoire) y ayant empesché l'accés audit sieur Marquis, nous n'auons peu moins faire, pour asseurer le repos de nostre conscience, & la resolution que Dieu nous auoit inspirée, & éuiter les inconueniens que le delayement nous y pouuoit apporter, que d'vser des moyens & remedes ordonnez par l'Eglise en semblable occasion & necessité, selon lesquels il y auroit esté procedé, auec reseruation faite par lesdits Prelats, & promesse de nostre part de satisfaire à ce qui appartient à l'authorité de sa Saincteté, comme chef de ladite Eglise en terre, ainsi que l'aurions recogneu par nostredite profession de Foy. Et ne nous permettant l'estat des affaires de ce Royaume d'y satisfaire en personne nous y auons voulu suppleer par la plus honorable Ambassade qui nous a esté possible, ayant choisi nostre Cousin le Duc de Niuernois, qui est assez recogneu & dedans & dehors ce Royaume, pour accompagner la grandeur de sa Maison, d'autant de vertus & bonnes qualitez de l'ame & de la conscience qu'autre Prince de ce siecle, pour aller en nostre nom faire les submissions requises à nostre-dit sainct Pere, receuoir sa benediction, & luy faire & prester l'obedience que nous desirons luy rendre à l'exemple des Roys nos predecesseurs. En quoy nostre-dit Cousin a tant voulu meriter, non seulement de nous & de cét Estat, mais aussi de la Religion Catholique, que pour l'importance qu'il a consideré qu'estoit le voyage, sans auoir égard à sa santé, trop incommodée de ses blessures, il l'a courageusement entrepris, & luy est si bien succedé que nous auons aduis qu'il est (Dieu mercy) arriué en bonne disposition pres de sadite Saincteté, de laquelle nous sçauons qu'il a esté fauorablement receu, & benignement escouté : ne doutant point que ce sainct Pere, duquel tous les tesmoignages s'accordent, qu'il s'en doit esperer beaucoup de bien pour toute la Chrestienté, n'ait bien tost, auec l'ayde d'vn si bon & veritable interprete que nostre-dit Cousin, penetré à la parfaite cognoissance de l'estat des affaires de ce Royaume, & des causes des remuëmens qui y sont, & veu clairement ce qui en a esté caché & couuert depuis cinq ou six ans à ses predecesseurs, qui n'en ont iamais iugé ny rien cogneu qu'au trauers des passions & artifices des ennemis coniurez & declarez de cet Estat, desquels ils se sont tousiours laissé assieger & enuironner : De sorte que nulle iustification n'a iamais peu estre admise aupres d'eux de la part du feu Roy, nostre tres-honoré seigneur & frere, ny de la nostre, lesdits Espagnols ayans fait vn peché irremissible à toute personne qui eust seulement pensé qu'il se deust faire. Maintenant que toutes ces tenebres seront dissipées par la presence & le rapport de nostre-dit Cousin, nous nous asseurons que sa Sainćteté estant bien in-

formée de ce qui s'est passé en nostredite conuersion, iugera combien sont fausses les calomnies qui luy ont esté rapportées contre icelle, par ceux qui apprehendoient plus le desaduantage qu'ils en deuoient receuoir en leurs desseins, qu'ils ne plaignoient qu'elle ne valluft assez pour nostre salut. Ils n'auront au moins peu dire auec verité, que ce que nous en auons fait ait esté pour apprehension que ne le faisant point nos seruiteurs Catholiques fussent pour nous abandonner : car ils ne furent iamais plus entiers & confirmez qu'ils estoient lors en la fidelité & obeïssance qu'ils nous ont tousiours renduë, s'estans contentez de recourir à Dieu par leurs vœux & prieres pour en obtenir nostre conuersion, sans auoir iamais procedé auec nous par aucune protestation ou demande qui ressentist aucune froideur ou changement en leurs fidelitez & affections. Moins auroient-ils peu soustenir que c'eust esté par frayeur & crainte, pour nous auoir esté, ceux qui estoient esleuez

uez en armes contre nous plus formidables lors qu'auparauant, parce qu'il est trop manifeste qu'ils n'ont point esté de tous ces troubles plus foibles & abbatus qu'ils estoient lors, comme ils le verifierent bien par le siege qu'ils nous souffrirent tenir deuant la ville de Dreux, qui n'est distante de celle de Paris que de seize lieuës, où tous leurs Chefs estoient assemblez, & la laisserent neantmoins prendre sans auoir peu mettre ensemble dequoy pouuoir donner vne seule alarme à nostre armée. Ils doiuent encores moins estre escoutez s'ils vouloient dire que nostre-dite conuersion fust feinte & simulée, & qu'elle n'ait esté faite qu'à art & dessein : car ce seroit vne presomption qui ne peut estre de Chrestien, de vouloir partager auec Dieu la puissance qu'il s'est voulu reseruer à luy seul, de iuger des intentions, aussi en attendons nous de luy la lumiere & le iugement, de ce que pour ce regard nous en portons sur le cœur. Quand à l'exterieur, qui est ce qui peut estre au tesmoignage des

P

hommes, encores que nos œuures ne soient ne si bonnes ne si parfaites enuers luy que nous le desirerions, toutesfois nous nous en rapporterons tousiours aux plus seueres obseruateurs de nos actions non passionnez, s'ils ont rien recogneu en nous qui se demente de la profession que nous auons faite en ladite Religion Catholique: Ce que nous esperons bien iustifier tousiours de mieux en mieux, pour nous rendre autant dignes que nous pourrons de cette singuliere grace que Dieu nous a faite, laquelle nous ne presumons pas estre pour nostre particulier salut seulemét, & que nostre ame luy soit plus chere & precieuse que d'aucun autre Chrestien, si ce n'est autant que par nostre exemple nous pouuons faire plus de bien ou de mal que les autres. Mais nous en attribuons la principale cause aux sainctes prieres & oraisons des gens de bien de ce Royaume, aux cris & gemissemens des vefues & orfelins, qui l'ont esmeu à regarder de son œil de pitié la desolation de cét Estat: auquel il a iugé que noſtre-dite conuerſion eſtoit vn ſingulier remede pour le guarir de tous ſes maux, & y eſtablir la paix & vn perdurable repos : & l'ayant ainſi compris & interpreté de noſtre part, l'intention que nous y auons touſiours euë s'eſchauffa & anima encores dauantage. Et au meſme temps ayant fait reprendre les traittez de la Conference qui auoit eſté tenuë deux mois auparauant, leſquels étoient demeurez languides & ſans aucun effect, nous les fiſmes pourſuiure; de ſorte que nous contraigniſmes les chefs de la Ligue de comprendre & confeſſer que la paix eſtoit neceſſaire: Mais parce qu'auparauant que d'en traitter au fonds, comme c'eſtoit noſtre deſir & deſſein, ils deſirerent qu'elle fuſt precedée d'vne Tréue de trois mois, ſoubs le pretexte d'auoir temps & loiſir d'enuoyer de leurs Deputez vers ſa Sainctété, pour luy faire trouuer bonne ladite negociation de la paix. Nous nous contentaſmes, pour les entretenir en cette bonne opinion, de leur accorder non ſeulement ladite Tréue

P. ij

pour trois mois, & faire en cela chose qui n'auoit iamais iusques icy esté faite en guerre de soûleuation comme de cette-cy : mais aussi en ladite Tréue nous demettre tant de nostre authorité, que si l'intention & la fin que nous nous proposons ne nous seruoit d'excuses nous en pouuions estre iustement blasmez, mesme en la tolerance que nous auons faite, que nos pauures subjets fussent pendant icelle surchargez de doubles Tailles, qui est ce qui a esté extorqué de nous auec plus de regret. Ladite Tréue estant concluë & publiée, les chefs de la Ligue se monstroient les plus ardens à l'aduancement de la legation de Rome, & s'en rendoient conseillers & solliciteurs : ce qui nous faisoit tousiours auoir meilleure opinion de leur intention, & de fait nous pressasmes nostre-dit Cousin de partir. Ce qu'il voulut bien faire, tout indisposé qu'il fust, preferant en cela le seruice de Dieu & le bien de cét Estat, qu'il estimoit dependre de ce voyage, aux incommoditez de sa santé, peril &

longueur du chemin, & s'achemina en la meilleure diligence qu'il luy fut possible : eux au contraire auec nouuelles excuses gagnoient tousiours le temps sans faire partir leurs Deputez. Pendant ladite Tréue nous auons esté soigneux de l'auoir fait exactement obseruer, afin que nul accident de contrauention ne peust gaster & diuertir vn si bon affaire : de leur part tout autrement, ils se sont toûjours licentiez, & en plusieurs lieux vescu durant la Tréue comme ils faisoient pendant la guerre. A tout cela nous auons conniué, ou pour le moins ne l'auons pas fait reparer, comme il eust esté bien raisonnable, pour sur les disputes des circonstances ne rompre pas sur le fait principal. Nous fusmes bien aduertis que lors de ladite Tréue tous les chefs de ladite Ligue se firent vn serment reciproque les vns aux autres en la presence du Cardinal de Plaisance & des Ministres d'Espagne, qui est par escrit & signé de leurs mains, qu'ils ne traitteroient iamais aucune paix ou accord

P iij

auec nous. En plufieurs de leurs lettres efcrites à Rome & en Efpagne, ils ont protefté le mefme, & encore pis. Ce que la reprefentation que leur aurions fait faire d'aucunes defdites lettres, & mefme d'vne où ladite promeffe eftoit tranfcrite, les auroit contraint d'aduoüer: & neantmoins apres quelques excufes qu'ils en auroient faites, pour nous faire entendre que ce leur auoit efté vn remede neceffaire aux accidens prefens, dont ils eftoient preffez, ayans toutesfois autre intention. Le premier terme de ladite Tréue eftant preft à expirer, ils nous firent rechercher d'en accorder vne prolongation de deux mois, auec proteftations confirmées par fermens & par legations particulieres que ce n'eftoit que pour attendre la refponfe de fa Sainƈteté, & auoir loifir de conclure la paix, comme ils affeuroient de la vouloir refoudre dans la fin du prefent mois, nous coniurant au nom du bien & repos public de ne leur dénier point ladite prolongation: laquelle bien qu'elle nous fuft fuf-

du Parlement.

pecté & defaduantageufe, toutesfois nous voulufmes bien leur accorder, pour iuftifier toufiours à tous nos fubjets que tout noftre principal foin & defir eftoit de paruenir à la paix, & que nous auons tant les yeux ouuerts à tout ce que l'on nous propofe y pouuoir feruir, que nous les auons plus clos & fermez aux aduantages que nous pourrions recouurer par la guerre, à laquelle nous ne pouuons retourner qu'auec extreme regret & defplaifir. Maintenant que nous fommes fur la fin du cinquiefme mois qu'a duré ladite Tréue, fans qu'il y ait aucun aduancement à la fin pour laquelle elle auoit efté faite, ils nous font rechercher d'vne nouuelle prolongation de trois mois, mais tant s'en faut qu'ils ayent apporté quelque nouuel aduantage ou perfuafiõ pour la paix, qu'au contraire s'en monftrans plus éloignez que iamais, ils offrent feulement, qu'vn mois auparauant ladite prolongation expirée, ils declareront s'ils traitteront de la paix, ou non: & que pour nous ofter l'apprehenfion que les forces estrangeres qui sont sur la frontiere n'entrent en ce Royaume, pendant ladite prolongation, qu'ils nous en donneroient leur foy qu'elles n'y entreront point, ou si elles y entrent qu'ils se joindront à nous pour les empescher de faire aucun progrez pendant ladite Tréue. Et combien que lesdites propositions fussent si impertinentes, qu'elles ne meritoient aucune responce, puis qu'il se voyoit qu'ils n'estoient pas seulement incertains sur les conditions de la paix, mais qu'ils l'estoient encores s'ils la deuoient vouloir, ou non, & puis le peu d'apparence qu'il y a que nous deussions commettre sur leur foy & sur leur force nostre vie & nostre Estat, nous tenans desarmez pour demeurer à la discretion de leurs estrangers : toutesfois nous ne laissasmes de leur faire cette response, que combien que par toutes raisons nous ne deuions plus accorder aucune nouuelle prolongation, neantmoins pour monstrer qu'il n'y a prix de peine & de patience que nous n'acceptions pour recouurer la paix, s'il nous est possible

ble que nous continuerions encores ladite Tréue pour vn mois, à la charge de refoudre la paix dans ledit temps, & auſſi qu'il fuſt pourueu au ſoulagement du pauure peuple, pour le payement des tailles, ce qu'ils n'ont voulu accepter, qui eſt vn euident teſmoignage que leurs intentions n'ont iamais eſté bonnes au faict de ladite Tréue, & qu'ils ne l'ont recherchée que pour gagner temps, & pour ſe mieux preparer à l'inuaſion ou diſſipation de cét Eſtat. Ayant auſſi de noſtre part conſideré quelles ſont leurs procedures, & par les dernieres fait le iugement de ce qui eſtoit incertain des premieres, meſmes comme ils abuſent du nom de ſa Sainctée, & que cette conſultation qu'ils publient luy vouloir faire auant que de traiter de la paix, & laquelle ils luy veulent faire valoir pour vn honneur qu'ils luy deferent, eſt au contraire vn opprobre à ſa dignité: car puis que le principal poinct eſt de ſçauoir ſi elle approuuera noſtre cöuerſion, quel plus grand blaſpheme lui pourroit eſtre fait que d'en douter ? Si le

Q

premier soin & la plus grande gloire qu'il puisse receuoir en cette dignité est d'augmenter & croistre l'Eglise Catholique: & si les Turcs & mescreans y sont toûjours admis auec joye & allegresse de tout le sainct Consistoire, & font de leur admission vne feste solemnelle comme d'vn precieux butin & tresor acquis à l'Eglise de Dieu, que doit-on esperer de ce Sainct Pere, qui est recommandé de toute integrité & saincteté de vie, sinon qu'il aura reçeu la nouuelle de nostre conuersion, & de la reconciliation auec elle & le Sainct Siege du Fils Aisné de l'Eglise, auec le plus grand contentement qu'il eust sçeu desirer, qui nous y confortera & s'en conjouïra auec nous, & se tiendra offensé que sa volonté ait esté sur cela tenuë en incertitude. Il a aussi bien paru que lesdits Chefs de la Ligue ont plus craint en cela, que desiré son iugement: car s'ils le vouloient sçauoir, ils ont d'ordinaire prés d'elle plusieurs Agens, qui les en pouuoient bien esclaircir: mais tant s'en faut que ce fut leur charge, que c'est au contraire d'y oppoſer le plus de tenebres & d'obſcurité qu'ils peuuent pour l'empeſcher d'y rien cognoiſtre. Et quand ils euſſent voulu faire pour cela vne legation expreſſe, comme ç'a eſté touſiours leur principale excuſe, cinq mois entiers qu'à duré ladite Tréue, leur en auoit fourny du temps & du loiſir aſſez, mais c'eſtoit pour la ville de Lyon, qui eſtoit le principal poinct de l'inſtruction deſdits Deputez, & pour y recueillir le fruict de la ſedition qu'ils y ont eſmeuë: auſſi eſt-ce là où ils ſe ſont arreſtez, & dont le plus confident deſdits Deputez eſt retourné de deçà au lieu de paſſer à Rome, qui fait bien cognoiſtre qu'il a tenu ſa charge acheuée, en ce qu'il a traicté pour ſon Maiſtre audit Lyon. Et ſi les autres ont acheué le voyage, il y a aſſez d'occaſion d'en conjecturer pis, puis qu'il y en a qui font ledit voyage aux deſpens du Roy d'Eſpagne, comme les lettres d'aucuns d'eux en font foy, qui eſt vne forte preſomption, qu'il n'en feroit la deſpenſe, s'ils n'y alloient pour ſon ſeruice.

Q ij

Voyant d'ailleurs que pendant le temps de la Trêue ils n'ont ceffé de pratiquer, tant dedans que dehors le Royaume, pour y enflammer toufiours le feu dauantage, au lieu que nous portons tout ce que nous pouuons pour l'efteindre. Que pendant icelle aucuns de leur faction, ont fufcité des affaffins pour attenter à noftre perfonne, l'vn defquels ayant efté pendant que nous eftions à Melun au mois de Septembre dernier miraculeufement pris & confeffé par qui & comment il auroit efté pratiqué à ce faire, fut executé audit Melun, fans que lefdits Chefs ayent iamais fait aucune demonftration de vouloir fçauoir & faire chaftier les complices & confeillers d'vn tel forfait, qui font parmy eux, que les aduis nous viennent tous les iours qu'ils haftent & preffent les forces eftrangeres qui leur font promifes le plus qu'ils peuuent, que defia il y en a vne tres-grande quantité de preftes qui fe font fi aduancées de noftre frontiere, qu'en deux iours elles peuuent eftre dans ce Royaume, & que tout leur principal but est de se retrouuer tellement forts qu'ils puissent eux-mesmes ordonner de ce qu'ils monstrent vouloir remettre en conference, & rendre mesmes tout ce qui en seroit ordonné par sa Saincteté, qui ne doit estre que conforme à la raison & à la justice, inutile & sans effect. Ainsi ayant clairement recogneu que pendant que tous nos desirs & cogitations sont à la paix, que nous prions Dieu incessamment de la nous donner, & en les destournant des intentions de continuer à mal faire, nous deliurer de la necessité de nous en ressentir : eux au contraire, au lieu de se seruir de la Tréue pour penser à la paix, ils ne s'en seruent qu'à se preparer & munir pour vne nouuelle guerre, que cependant sous le nom de ladite Tréue les partialitez & la rebellion s'affermissent tousiours dauantage, que nos subjets en sont plus chargez & opprimez par les tributs, subsides & impositions que les ennemis ont eu permission de prendre & leuer sur eux à l'esgard de nous, dont ils font encores les exactions si violentes & si cruelles, que le soulagement que nous pensions leur donner par ladite Tréue leur est pire & plus insupportable que la mesme guerre. Et puis qu'ils n'ont point voulu comprendre l'intention de Dieu en l'effect de nostre conuersion, du premier iour de laquelle les armes leur deuoient tomber des mains : puis qu'aussi l'ambition & l'auarice sont en eux plus puissantes que la nature, ayans en faueur des estrangers & sur l'appast des commoditez qui leur en sont promises, conjuré contre leur propre patrie. Nous auons resolu auec l'aduis des Princes, Officiers de la Couronne, & autres Sieurs de nostre Conseil, qui sont prés de nous, pour ne nous rendre plus coupables de ces maux & indignitez en les endurant, & que la coulpe d'autruy ne soit à nostre blasme & reproche, de ne leur accorder plus aucune prolongation de Tréue, ne l'ayant vouluë accepter aux conditions que leur aurions proposées, pour la reconciliation generale de ce Royaume, & le soulagement de nos

du Parlement. 127

subjets, ce qui nous contraint recommencer la guerre. Et combien qu'elle nous soit contre eux juste & necessaire, puis que la raison & la justice n'a plus de lieu enuers eux ? nous protestons toutesfois deuant Dieu & les hommes, que c'est auec vn extreme regret qu'il nous en faut venir à cette extremité, & vne tresgrande commiseration que nous auons des ruines & oppressions que nos pauures subjets en pourront souffrir, & mesme du prejudice & scandale qui en aduiendra à la Religion Catholique, encores que nous estimions en estre suffisamment iustifiez, ayans fait enuers eux tout ce que nous auons deub & peu, & plus que nous ne deuions, pour éuiter ce mal-heur. Mais ce renouuellement de guerre fera pour le moins la distinction certaine de ceux d'entr'eux qui ont esté tenus en ce party par le seul zele de Religion, ou des autres qui s'en sont seruis seulement de pretexte pour couurir leur malice & déloyauté, car les premiers se reüniront promptement à nous, & ne voudront plus estre

de cette semence funeste à la France, qui a nourry en eux, comme les viperes, les causes de sa ruine : Nous esperons aussi que ceux du Clergé, de la Noblesse, les villes & les peuples cognoistront maintenant bien clairement ce qui leur en a tousiours esté predit, puis que leur mesme Chef ne le nie plus, & que leurs pretextes leurs estans faillis auant qu'ils soient paruenus à leurs desseins, ils se seruent maintenant publiquement de leurs desseins pour pretextes, se declarans appertement sur l'inuasion, chacun à ce qui luy est plus propre & commode, se saisissans par surprise des villes mesmes qu'ils tenoient: comme il a esté fait puis peu de iours de celle de Rheims, en laquelle l'on desseigne à la veuë des habitans vne tres-forte Citadelle, qui est vn prejugé pour toutes les autres principales villes qui ont iusques icy tenu pour eux: mais nous nous asseurons qu'elles secoüeront maintenant le joug de cette tyrannie, & jugeront bien qu'il n'y a rien si inconstant que la puissance qui n'est
soustenuë

du Parlement.

souſtenuë de ſes propres forces, & qui depend de la vie, de la volonté & de la fortune d'autruy : & au reſte que leur plus grand mal-heur vient, d'où ils eſperoient plus de bien, & que leur neceſſité croiſt touſiours par le ſecours que l'on leur donne. Ce faiſant qu'ils ſe reduiront auec nous pour repouſſer les iniques efforts de celuy auquel le tiltre d'autheur & fauteur de la rebellion appartient mieux que celuy de protecteur de la Religion, qu'il ſe veut attribuer. Et pour de noſtre part faire encores vn effort de noſtre clemence, & à ce que chacun cognoiſſe quelle eſt l'amour & bien-veüillance que nous portons generalement à tous nos ſubjets, & la bonté dont nous voulons vſer enuers eux, nous exhortons tous Princes, Prelats, Seigneurs, Gentils-hommes, Officiers, Villes, Communautez, & generalement tous noſdits ſubjets qui ſe ſont cy-deuant ſeparez de nous, & les conjurons au nom de Dieu, par leur deuoir enuers nous & leur patrie, & leurs familles & fortunes, de ſe departir de

R

toutes ligues & associations, tant dedans que dehors ce Royaume, faites au preiudice de nostre seruice, & bien & repos de cét Estat, & se reünir à nous & par consequent au corps des vrais François, bons & fideles subjets de leur Roy & Prince naturel, & pour nostre regard nous leur ouurons & tendons les bras pour les receuoir, non seulement auec perpetuelle oubliance des choses passées contre nous & nostredit Estat, mais auec la participation que nous leur offons en nostre affection & bonne volonté indifferemment, comme nos autres bons subjets : Protestans de donner & remettre au public toutes les injures passées, & n'en garder iamais aucune souuenance ne volonté de nous en ressentir, imputant la principale cause du mal qui est aduenu aux injustes desseins de nos voisins, anciens ennemis de cét Estat : qui poussez de long-temps d'vne insatiable ambition de voir la France assujettie à l'Espagne, & la iugeant inuincible à toutes autres nations, ont pensé qu'il la falloit vaincre & surmonter par elle mesme, & que le moyen d'y paruenir estoit de la diuiser, dont nous esperons auec l'aide de Dieu, les bien empescher. Et d'autant que nosdits subjets qui ont, ainsi que dit est, esté iusques icy separez de nous, seroient peut-estre retenus de prendre vne bonne resolution, pour crainte d'encourir les peines portées par nos precedens Edicts, comme sont les terreurs que leur proposent les Ministres d'Espagne, voulans persuader, comme ils sont implacables, que nous le soyons aussi, pour leur pouruoir contre ladite apprehension du tesmoignage de nostre bonne volonté, & la leur rendre aussi publique & manifeste; Nous de l'aduis de nostredit Conseil, Auons dit, declaré & ordonné, que tous lesdits Princes, Prelats, Seigneurs, & autres nos subjets, tant du Clergé, Noblesse, que du tiers Estat, les Villes, Bourgs & Communautez, & generalement tous nosdits subjets, de quelque qualité & condition qu'ils soient, qui se sont cy-deuant separez de nous, qui dans vn mois apres la publication de ces presentes aux villes de nostre obeïssance, selon le ressort dont ils seront, se voudront retirer du mauuais party qu'ils ont cy-deuant tenu, & renoncer à toutes ligues & associations, tant dedans que dehors cedit Royaume, pour se donner à nostre seruice, & nous rendre la fidelité & obeïssance qu'ils nous doiuent, ils y seront receus & restablis au nombre de nos bons subjets, auec pardon & grace de tout ce qu'ils peuuent auoir demerité de nous, & des peines esquelles ils seroient encourus, suiuant nos Edicts & Declarations sur ce faites : & ce faisant, qu'ils seront pareillement restituez, comme dés à present, aux cas susdits, nous les restituons en leurs biens, Offices, Benefices, & dignitez, & leur en faisons pleine & entiere main-leuée : A la charge de nous faire dans ledit temps le serment de fidelité & obeïssance pour ce necessaire : A sçauoir lesdits Princes, Prelats & Seigneurs, & les principales villes en nos mains, ou par leurs procureurs, fondez de bonnes & suffisantes procurations, si

au Parlement. 133

des lieux où ils seront ils peuuent estre à nous dans huict iours, sinon en cas de trop longue distance ou autre empeschement, feront ledit serment & declaration és mains du Gouuerneur ou Lieutenant General de la Prouince : & dés le iour qu'ils l'auront fait, seront tenus & traittez comme nos seruiteurs & bons subjets, à la charge toutesfois de faire encores ledit serment en nos mains, ainsi que dit est : Et pour les autres, és Greffes de nos Bailliages & Seneschaussées, où leursdits serments seront enregistrez, & seront nosdits Baillifs & Seneschaux tenus d'en aduertir incontinent les Gouuerneurs & Lieutenans Generaux de nos Prouinces, qui auront aussi soin de le nous faire entendre, sans que ceux qui n'vseront du benefice des presentes dans ledit temps, soient plus reçeus à s'en ayder iceluy passé, reuoquant dés à present ledit terme d'vn mois expiré, apres la publication de ces presentes en nosdites villes, comme dit est, toutes main-leuées, passe-ports & sauue-gardes qui leur ont

R iij

par nous esté cy-deuant accordées, sans qu'ils leur puissent aucunement valoir, ny que par nos Officiers, gens de guerre, & autres nos bons subiets, il y soit aucunement deferé. Mandons & enjoignons à nosdites Cours de Parlemens, Baillifs, Seneschaux, & autres nos Officiers à qui il appattiendra, que contre ceux qui par leur contumace & opiniastreté se rendront indignes de nostre presente grace, ils ayent à proceder comme il est ordonné estre fait contre criminels de leze-Majesté au premier chef. Voulons & ordonnons aussi que toutes les villes qui seront reprises par force, soient en perpetuelle memoire de leur desloyauté desmantelées, & generalement que tous lesdits rebelles soient traictez comme perfides à leur Roy, & deserteurs de leur patrie.

Si donnons en mandement à nos amez & feaux les Gens de nos Cours de Parlement, que nostre presente Declaration ils fassent lire, publier & enregistrer, entretenir, garder & obseruer, sans y contreuenir, ne souffrir y estre contreuenu en aucune maniere : & à nos Baillifs & Seneschaux, ou leurs Lieutenans, faire le semblable en leurs Sieges & ressorts d'iceux. Mandons pareillement aux Gouuerneurs & Lieutenans Generaux de nos Prouinces la faire aussi garder & entretenir, en ce qui peut dependre de leurs Charges pour l'execution d'icelle : Car tel est nostre plaisir. En tesmoin de ce nous auons fait mettre nostre scel à cesdites presentes.

Donné à Mante le vingt-septiesme iour de Decembre, l'an de grace mil cinq cens quatre-vingts treize, & de nostre regne le cinquiesme. Signé, HENRY. Et au dessous, Par le Roy estant en son Conseil, FORGET. Et scellé du grand Scel sur double queuë de cire jaune.

Leuës, publiées & registrées, oüy & *Sic.* ce requerant le Procureur General du Roy, pour jouir de l'effect d'icelles selon leur forme & teneur, par les Gentils-hommes & autres portans les armes, Villes, Communautez, Chasteaux, Forteresses, & habitans en icelles, qui volontairement feront submission d'obeïssance au Roy, excepté ceux qui se trouueront chargez & coulpables du tres-cruel, tres-inhumain, & tres-detestable parricide commis en la personne du feu Roy Henry troisiesme, d'heureuse memoire, & qui ont conspiré & attenté à la personne du Roy regnant. Et pour le regard des particuliers sortans des villes qui ne se départiront de la rebellion, jouïront desdites Lettres aux charges & modifications contenuës au registre. Ordonne la Cour que copies collationnées seront enuoyées aux Bailliages & Seneschaussées de ce ressort, pour y estre leuës, publiées & registrées : Enjoint aux Baillifs & Seneschaux faire proceder à la publication, & aux Substituds du Procureur General du Roy tenir la main à l'execution, & certifier la Cour des diligences qu'ils auront faites au mois, à peine d'en respondre en leur priué nom. A Tours en Parlement le 1. Feurier 1594. Signé, TARDIEV.

Du

du Parlement.

Du 6. Septembre 1593.

Verification de Lettres Patentes du Duc de Mayenne Lieutenant General de l'Eſtat & Couronne de France, portans continuation du Parlement durant les vacations. *Ext.*

Du 25. Octobre 1593.

Sur Lettres Patentes du Duc de Mayenne, par leſquelles il accorde que la Reyne Louyſe Doüairiere jouiſſe en appanage de ce que la Reyne Elizabeth auoit pour le ſien, *A eſté ordonné* qu'elles ſeront regiſtrées. *Ext.*

Du Mercredy 24. Nouembre 1593.

Monſieur le Preſident de Hacqueuille dit, que le Preſident de Nully, le Procureur General, & luy furent mandez Dimanche par le Duc de Mayenne, lequel pour gratifier cette Compagnie, a reſolu *Ext.*

auec eux augmenter les gages d'icelle pour l'année prochaine au double, à ce qu'il soit aduisé rendre graces audit sieur Duc.

Du 3. Decembre 1593.

Ext. Arrest sur requeste, par lequel la Cour casse tout ce qui a esté fait au pretendu Parlement de Chaalons en vne certaine cause.

Du 7. Decembre 1593.

Ext. Sur Lettres Patentes du Duc de Mayenne, a esté commis Maistre Gaspard de Brienne Aduocat, pour exercer l'Office de Lieutenant de la Connestablie à la Table de Marbre pendant l'absence de Maistre François Tauerny, qui a obtenu passe-port dudit Seigneur pour se retirer en son pays.

Du 10. Ianuier 1594.

Ext. Arrest sur requeste, portant cassation

du Parlement. 139

de quelques procedures faites au pretendu Parlement de Tours.

*Du 12. Ianuier 1594. toutes les
Chambres assemblées.*

Sur rapport fait par Maistre Estienne *Ext.*
Fleury Conseiller, deputé auec autres
pour aller vers le Comte de Belin Gouuerneur de Paris, sur ce que la Cour auoit
appris qu'il se vouloit retirer & quitter
le Gouuernement, ledit de Belin dit qu'il
le desire pour quelque suspicion que le
Legat a eu de luy, le Procureur General
supplie la Cour en faire remonstrances
au Duc de Mayenne, & sur ce que ledit
Duc de Mayenne a fait plainte de cette
deliberation, Monsieur le Premier President luy a dit, que la Cour a accoustumé faire remonstrances aux Roys, qui
les ont prises de bonne part, luy veut porter le mesme honneur, & le supplier de
les prendre de bonne part, ledit Duc s'est
retiré, *A esté arresté* que remonstrances seront faites audit Duc, à ce que

S ij

ledit sieur de Belin demeure Gouverneur.

Ext. Et le 14. Ianuier le Président de Hacqueuille a dit, les Chambres assemblées, auoir fait lesd. remonstrances en presence des Presidens & Conseillers, & que ledit sieur Duc leur a fait responce qu'il portera tousiours honneur & respect à cette Compagnie, & autres choses honnestes: mais que pour le sieur de Belin, cela auoit esté traicté & trouué bon, & ne pouuoit rompre ce qui auoit esté fait, & que pour le soupçon des estrangers prioit Messieurs ne croire les faux bruits du peuple, *A esté arresté* que ledit Duc sera tres-instamment prié de laisser ledit de Belin pour Gouuerneur, & pour le general de dresser remonstrances par escrit.

Ext. Le quinziesme Ianuier, les Chambres assemblées, ledit Comte de Belin est venu en la Cour la remercier de tant d'honneur & bien-veüillance, l'asseurant qu'il la seruira en toutes occasions: mais que pour l'eſtat des affaires a eu ſujet de demander ſon congé audit Duc, & ſupplier ladite Cour le diſpenſer de ſa Charge, luy a eſté reſpondu par Monſieur le Preſident de Hacqueuille, Que le regret que la Cour a de ſon partement ne ſe peut exprimer pour les obligations qu'elle & la Ville luy ont pour auoir ſi bien gouuerné ladite Ville; & d'autant que la Cour s'aſſeuroit de la bonté dudit Duc qu'il accordera ſa Requeſte, & auſſi en attendant ſa reſolution, prie ledit ſieur de Belin de changer de deſſein, & qu'elle n'accepte ce congé. Ledit ſieur de Belin retiré, le Procureur General a dit, qu'il fut hier, ſuiuant le commandement de ladite Cour, vers ledit Duc, auquel il dit le faict dudit ſieur de Belin, & que le Mareſchal de Briſſac conſiderant les remuëmens de cette Ville ne voudroit accepter la Charge de Gouuerneur: ledit Duc luy reſpondit, qu'il s'eſtonnoit comme la Cour vouloit prendre cognoiſſance de la Charge Militaire & des Gouuernemens qui luy appartenoient: Qu'il

S iij

auoit deduit à la Cour que ledit de Belin auoit demandé son congé, baillé sa demission, & sur ce on auoit traitté auec le Mareschal de Brissac, sçauoit bien les remuëmens & y donneroit bon ordre, le plus grand regret qu'il auoit estoit que la Cour le vouloit contraindre de changer de parole, & la prioit n'entrer plus en aucunes Remonstrances. Ledit Procureur General luy dit, que la Cour auoit accoustumé faire Remonstrances aux Roys en tels changemens, le suppliant de ne le prendre de mauuaise part : *A esté arresté*, que suiuant la deliberation d'hier Remonstrances seront faites audit sieur Duc.

Du 18. Ianuier 1594.

Ext. Lesdits sieurs firent Remonstrances audit sieur Duc, qui ne les voulut receuoir par escrit, & persista à faire ledit sieur de Brissac Gouuerneur, & plusieurs autres discours sur l'Estat des affaires de la Ville & affection de la Cour.

Du 17. Mars 1594.

Procession generalle de Saincte Gene- — *Ext.*
uiefue, où assista le Parlement, & furent
portées les Chasses & Reliques, faisant
l'Office le Legat, qui dit la Messe à Nostre-Dame, où estoit la Cour en robbes
rouges.

*Lettres patentes du Roy, pour le restablisse-
ment de la Cour de Parlement de Paris,
du 28. Mars 1594.*

HENRY par la grace de Dieu Roy — *sic.*
de France & de Nauarre : A tous
ceux qui ces presentes Lettres verront,
salut : Comme par le mal-heur de la dissention suscitée & continuée en cestuy
nostre Royaume, par les mauuaises me-
nées d'aucuns Princes estrangers nos ennemis, & autres nos subjets rebelles, tant
du viuant du feu Roy nostre tres-honoré
seigneur & frere (que Dieu absolue) que
depuis nostre aduenement à la Couron-

ne, plusieurs Villes ayent esté soustraites de l'obeïssance deuë à nostredit sieur & frere & à nous. Entre lesquelles nostre bonne ville de Paris ayant esté occupée par nos ennemis, & en danger euident d'estre sous l'insupportable ioug & honteuse domination de l'Espagnol, s'y seroit commis plusieurs choses contraires à l'obeïssance deuë à leur Roy legitime, où estant demeuré vn nombre infiny de citoyens, les vns pour crainte de perdre leurs biens, autres pour ne pouuoir abandonner les personnes, à la conseruation desquelles le deuoir de nature les obligeoit, autres pour n'auoir moyen ne commodité de viure ailleurs, aucuns pour le desir qu'ils auoient de nous y pouuoir faire seruice, & à la chose publique de cedit Royaume. Entre lesquels plusieurs Officiers de nostre Cour de Parlement y auroient residé, & continué l'exercice de la Charge qui leur auroit esté commise, & auoient exercée en nostre Parlement auparauant les troubles: dont nostredit sieur & frere ayant conceu çeu contre-eux vne iuste indignation, les auroit interdits, & sur ce fait les Declarations qui ont esté publiées en la Cour de Parlement transferée à Tours: Comme pour le semblable, & pour mesme occasion, auroit esté par nous fait, declarant nul & de nul effect tout ce que par eux auroit esté decreté, iugé & ordonné. Mais comme pour les causes contenuës en nostre Edict, qu'auons voulu estre publié en nostre grand' Chambre de Parlement, Nous aurions de nostre grace speciale, pleine puissance & authorité Royalle, esteint & aboly toutes les choses faites en nostredite bonne Ville de Paris, durant & à l'occasion des presens troubles: Aussi nous auons iugé estre tres-requis & necessaire pour le bien de nostre seruice, & du repos public, afin qu'vne si bonne ville ne demeurast sans l'exercice de la Iustice souueraine, pour la conseruation des bons & chastiment des mauuais, attendant que nous ayons reassemblé tout le corps d'icelle nostredite Cour, par le retour de nos amez &

T

feaux les Gens tenans noſtredite Cour de Parlement, transferée à Tours, & la Chambre ordonnée à Chaalons, pour y exercer la Iuſtice, leſquels à cette fin nous auons mandez, que les Conſeillers & autres Officiers de ladite Cour, qui ont obtenu prouiſion des Roys nos predeceſſeurs, & reſidé en cette-dite Ville durant leſdits troubles, ſoient remis & reintegrez à l'exercice de leurs Charges, ayans iugé leſdits Conſeillers dignes de cette noſtre grace & faueur, pour la vertu & conſtance qu'ils ont monſtré en pluſieurs choſes, & meſmement en la reſolution qu'ils prindrent de faire l'Arreſt qu'ils publierent & ſouſtindrent vertueuſement au mois de Iuillet dernier contre ceux qui s'efforçoient de troubler & rompre les ordres de la ſucceſſion legitime de ce Royaume: & pour cét effect auons oſté & leué, oſtons & leuons l'interdiction faite auſdits Conſeillers & autres Officiers, tant par ledit ſieur Roy que par nous: Voulans & entendans que leſdits Conſeillers & Officiers ſe trouuans à present en cettedite ville en vn bien grand & notable nombre, apres qu'ils auront fait entre les mains de noſtre tres-cher & feal Chancelier, le ſerment pour ce requis, ſoient reſtablis & remis à l'exercice de leurs Charges, comme par ces preſentes nous les auons remis & reſtablis, remettons & reſtabliſſons, pour en ioüyr apres la preſtation dudit ſerment, aux meſmes honneurs, prerogatiues, droicts, pouuoirs, priuileges & preeminences qu'ils ſouloient auoir, & dont ils iouiſſoient auparauant leſdites interdictions, faiſans & pouuans faire leſdits Conſeillers tous actes & exercices de Iuriſdiction & Iuſtice ſouueraine qu'appartient à noſtre Parlement, & comme ils euſſent fait & peu faire ſi leſdites interdictions n'euſſent eſté contre eux declarées, procedans à la publication d'Edicts, reception d'Officiers, Iugemens ſouuerains, & toutes autres expeditions & Reglemens qui ont cydeuant eſté faits en noſtredit Parlement.

Si donnons en mandement à noftre tres-cher & feal Chancelier, Officiers de la Couronne, Ducs & Pairs de France, autres fieurs de noftre Confeil, & Maiftres des Requeftes ordinaires, à ce par nous commis & deputez, que ces prefentes ils faffent lire, publier & enregifter, pour eftre le contenu en icelle gardé, obferué & executé felon leur forme & teneur : Car tel eft noftre plaifir. En tefmoin dequoy nous auons figné de noftre main cefdites prefentes, & à icelles fait appofer noftre feel. Donné à Paris le vingt-huictiéme iour de Mars, l'an de grace mil cinq cens quatre-vingts quatorze. Et de noftre regne le cinquiefme. Ainfi figné, HENRY. Et fur le reply, Par le Roy, RVZE'. Et feellé de cire jaune du grand fçeau.

Le Roy a ordonné & ordonne, que fur le reply de ces Lettres fera mis, qu'elles ont efté leuës, publiées & regiftrées, oüy & ce requerant fon Procureur General. Fait à Paris en la grand' Chambre de Parlement, le vingt-huictiefme de Mars, mil cinq cens quatre-vingts quatorze. Signé, LVILLIER.

Apres que le Roy fut facré & couronné à Chartres, il s'achemina à S. Denys en France, & de là à Senlis, où Meſſieurs de Briſſac Gouuerneur de Paris, L'Huillier Preuoſt des Marchands, Langlois Efcheuin, enuoyerent pardeuers luy, & le fupplierent les fecourir en la bonne refolution qu'ils auoient de remettre Paris en ſon obeïſſance & en chaſſer les Efpagnols. Ce que fa Majeſté leur promit. Et le 22. de Mars il y entra auec ſon armée, en chaſſa les Efpagnols, bannit les mutins & feditieux, & fit publier l'Edict de cette reductiō tel qu'il s'enſuit:

Edict & Declaration du Roy, ſur la reduction de la ville de Paris ſous ſon obeïſſance, du 28. Mars 1594.

HENRY par la grace de Dieu Roy de France & de Nauarre : A tous *sic.*

presens & aduenir, salut: Comme puis le temps qu'il a pleu à Dieu de nous appeller à cette nostre Couronne, nostre principal desir & but, où toutes nos actions ont tendu, ait esté d'establir en cestuy nostre Royaume vn bon & asseuré repos, afin que cessans les dessordres, violences & mal-heurs de la guerre, Dieu y soit seruy selon ses saincts Commandemens, & l'authorité des Loix & de nostre Iustice remise, soubs la protection de laquelle les trois ordres de nostredit Royaume peussent iouïr heureusement & en paix, de ce qui iustement leur appartient. Pour à quoy paruenir aurions, comme vn chacun sçait, employé tous nos moyens, nostre sang, & nostre propre vie, postposant la mort au blasme & à l'infamie qui iustement tomberoit sur nous, si nous souffrions l'iniuste vsurpation & dissipation qu'aucuns presument faire de cette Couronne de France. Et pour n'obmettre chose qui soit au pouuoir d'vn bon Prince, afin de remettre parmy nos subjects l'vnion, la paix, &

du Parlement. 151

la tranquilité si necessaire & si desirée par tous les bons François, Auons auec beaucoup de patience supporté & donné au public les offenses & temeraires entreprises de plusieurs, lesquels sans ce respect meritoient d'estre chastiez & reprimez par tres-griefues, tres-rigoureuses & exemplaires punitions: Nous auons pour cette consideration, apres les victoires, pardonné & donné la vie à ceux qui ont attenté contre la nostre. Et pour la grande compassion que nous auons euë de la capitalle Ville de nostre Royaume, pour en esuiter le sac & espargner le sang de plusieurs bons Citoyens qui ne participoient aux mal-heureux desseins de ceux qui y fomentoient la rebellion, Auons mieux aimé demeurer frustrez de l'obeissance qui nous y est deuë, que de voir les hommes innocens qui y habitent, les femmes & les petits enfans, & tant de beaux edifices, exposez à la violence, à la rage & à la fureur du feu & des cousteaux. Auons en outre, pour les causes & considerations susdites accordé & octroyé au mois de Iuillet dernier vne Tréue generale pour trois mois, pendant lesquels les Deputez du party de ceux qui nous desobeïssent nous firent entendre & asseurerent qu'ils enuoyeroient promptement pardeuers nostre S. Pere le Pape, pour auoir son bon aduis sur la resolution qu'ils auroient à prendre en la conclusion d'vne bonne & perdurable paix & reconciliation auec nous, qui sommes leur Roy & Prince naturel. En quoy aussi nous furent faites de leur part de tresexpresses promesses, qu'ils s'y employeroient auec toute loyauté & affection pour remettre le repos en ce Royaume; ce qui nous rendit plus faciles à accorder ladite Tréue, bien que nous cognussions assez les desaduantages qui d'ailleurs nous en aduenoient: & qu'au faict des armes eussions beaucoup d'auantage sur eux, mesme durant le pour-parlé de la paix pris par force la ville & chasteau de Dreux, à la veuë des principaux Chefs de leur party, assistez de leurs protecteurs d'Espagne:

d'Espagne : Et qu'il ne nous deffaillist lors le moyen de presser tellement ladite ville de Paris, que la necessité des viures les eust enfin conseillez de secouer le ioug de ceux qui par tant d'années tyrannisoient & abusoient insolemment de leur miserable patience : mais nous cedasmes de nostre authorité, pour le desir que nous auions que nostre S. Pere le Pape demeurast en toutes choses satisfaict, & peust estre au vray informé de nos actions & comportemens : auquel aussi nostre dessein estoit d'auoir recours, luy descouurir nos playes, & implorer son ayde, faueur, conseil & assistance : & pour cét effect aurions choisi nostre tres-cher & bien aymé Cousin le Duc de Neuers, Prince tres-accomply en toutes vertus, plein de prudence, de pieté, & de grands merites, lequel preferant le seruice de Dieu, & bien de cét Estat, aux incommoditez de sa santé, hazard & longueur de chemin, a courageusement entrepris le voyage pardeuers Sa Saincteté. Et pour le regard des Depu-

V

tez dudit party, que l'on promettoit si asseurément d'y enuoyer en toute diligence, on n'a point sçeu durant les trois mois qu'a duré ladite Tréue que l'on aye fait compte de les faire partir : & bien que depuis la conclusion de ladite Tréue de trois mois, nous n'eussions descouuert en toutes leurs actions que toute mauuaise volonté au restablissement du repos public de ce Royaume, des despouilles duquel ils pretendent se reuestir, & s'enrichir du sang & des moyens des bons & loyaux François : en ce mesme-ment qu'il est tombé entre nos mains vn certain serment faict par les principaux dudit party, presques au mesme-temps qu'ils signerent la Tréue, & nous promettoient de traicter de bonne foy, & aduiser aux moyens de conclurre vne bonne paix, se reconcilier à nous, & pour cest effect d'enuoyer à Rome, pour auoir le bon & prudent aduis de nostre Sainct Pere : contenant ledit serment, qu'ils ne traicteroient iamais de paix ny d'accord auec nous : enquoy ils se laisserent tellement emporter aux passions des Ministres du Roy d'Espagne, qu'ils ne reseruerent pas seulement l'authorité de nostre Sainct Pere, pardeuers lequel ils disoient de vouloir enuoyer: dont ayans esté irritez & offencez comme merite vn tel cas: sur ce neantmoins qu'ils nous requirent de prolonger la Tréue, pour autres deux mois, iusques à la fin du mois de Decembre dernier, remonstrans qu'il seroit impossible si nous leur refusions ce delay, que leurs Deputez peussent arriuer à temps à Rome, pour se trouuer à la resolution qui s'y pourroit prendre pour la reünion de tous nos subjects sous nostre obeïssance: Aurions pour le desir que nous auons de iustifier à nostre Sainct Pere nos actions, preferé le respect que nous luy voulons porter à l'vtilité & seureté de nos affaires, qui receuoient beaucoup d'incommodité & de reculement par le moyen desdits delais & prolongation de la Tréue, que leur accordasmes pour les mois de Nouembre & Decembre derniers. Mais iu-

V ij

geans du peu de defir qu'ils auoient de voir finir les miseres de ce Royaume, auec l'authorité qu'ils ont iniustement vsurpée sur vne partie d'iceluy: iugeans aussi par les longueurs si artificieusement par eux recherchées, que vray-semblablement ils ne tendent à autre but qu'à prolonger le mal-heur de la France, & asseurer pour eux l'iniuste vsurpation des villes & pays qu'ils y ont occupé: Nous pour ces causes, ayans mis les choses susdites en consideration & meure deliberation du Conseil, resolumes de leur refuser la prolongation de la Tréue pour les mois de Ianuier, Feurier, & Mars, dont ils nous requeroient auec telle instance que nous eusmes iuste occasion de croire que telle poursuitte se faisoit, non pour paruenir à vne bonne conclusion de paix: mais plustost à ce qu'estans durant ledit temps les forces du Roy d'Espagne arriuées à la frontiere de nostre pays de Picardie, les introduisans dans nostre Royaume, ils eussent plus de moyen de nous recommencer la guerre, à la ruine de nos bons & loyaux subjects. Ce que Dieu par sa saincte grace n'a voulu permettre, nous ayans fait voir clair par les depesches qui ont esté interceptes en leurs mauuais desseins, & obstinée resolution à nourrir & perpetuer le mal en cestuy nostre Royaume. Ayant sa bonté diuine pris en sa speciale protection la deffense de nostre iuste cause, & mis au cœur d'vn infiny nombre de nos bons vassaux & subjects, de recognoistre le deuoir auquel naturellement ils nous sont obligez, comme il est apparu en la reduction qui a esté faite depuis trois mois en çà, sous nostre obeïssance, des villes de Meaux, de Lyon, d'Orleans, de Bourges, de Pontoise, & autres. Mais la memoire ne se perdra iamais de l'heureuse reduction de nostre bonne Ville de Paris, Capitale de ce Royaume, aduenuë le 22. iour du mois de Mars, auec telle douceur, police, ordre & moderation, qu'vn seul citoyen ne se peut iustement plaindre qu'il luy aye esté faict tort ny offense en chose quelle qu'elle soit : l'entrée d'vne armée irritée a pluſtoſt reſſemblé à la ioyeuſe entrée qui s'eſt faite cy-deuant aux Rois nos predeceſſeurs à l'aduenement à leur Couronne : la reſiouïſſance, les applaudiſſemens du peuple qui a veu ſon Roy ſi deſiré, n'ont pas eſté moindres que s'ils euſſent eu la meſme ſeureté qui leur eſt donnée par ces preſentes, de noſtre grace, faueur, protection, & de l'oubliance des choſes paſſées, auec aſſeurance que ne perdrons iamais la ſouuenance du merite de ceux qui ſe ſont monſtrez fermes & vertueux à noſtre ſeruice. Ce que conſiderans, & la ſpeciale bonté, dont en ceſte occaſion il a pleu à Dieu de nous fauoriſer, nous nous tenons & ſentons obligez plus que tous les hommes de ce monde, de penſer & veiller continuellement comme nous pourrons rendre nos actions & comportemens agreables deuant la Saincte face de ſa Diuine prouidence : laquelle comme elle ſurpaſſe ce que l'eſprit de l'homme peut comprendre en douceur, clemence &

bonté: auſſi nous a elle voulu laiſſer pour enſeignement, & teſmoigner par l'exemple, & par la parole de ſon Fils Ieſus-Chriſt, que ceux qui voudront eſtre tenus pour ſes enfans, doiuent oublier les offenſes. Pour ceſte occaſion, recognoiſſans qu'il n'y a rien qui nous donne plus de teſmoignage que nous ſommes faits à la reſſemblance de Dieu, que la clemence & debonnaireté, oublians d'vn franc courage les offences & fautes paſſées: Auons declaré & declarons par ces preſentes, que nous auons repris, & reprenons en noſtre bonne grace, les citoyens, manans & habitans de noſtre bonne ville de Paris: Auons de noſtre grace ſpeciale, & authorité Royal, aboly & aboliſſons les choſes aduenuës en ladite ville, durant & à l'occaſion des preſens troubles, que voulons & ordonnons demeurer eſteinctes, abolies & aſſoupies, & tenuës comme non aduenuës: & pour cét effect apres auoir eu ſur ce l'aduis des Princes, & autres Seigneurs de noſtre Conſeil eſtans pres de nous. Auons

statué & ordonné les choses qui ensuiuent.

PREMIEREMENT.

Voulons & ordonnons, suiuant l'E-
dict de Pacification faict par le feu Roy
nostre tres-cher sieur & frere, en l'an mil
cinq cens soixante & dix-sept, & les declarations depuis par nous faictes pour
l'obseruation d'iceluy, que dans la ville
& faux-bourgs de Paris, & les dix lieuës
és enuirons designées par ledit Edict, il
ne se fera autre exercice de la Religion
que de la Catholique, Apostolique &
Romaine: Defendons tres-expressement
à toutes personnes sur les peines de nos
Ordonnances, de ne molester ny inquie-
ter les Ecclesiastiques en la celebration
du seruice diuin, iouïssance & perception
des fruicts & reuenus de leurs benefices,
& de tous autres droicts & deuoirs qui
leur appartiennent, desquels à ces fins
leur auons faict & faisons par ces presentes, pleine & entiere main-leuée: Voulons & entendons, que tous ceux qui
depuis

depuis ces presents troubles se sont emparez des Eglises, maisons, biens & reuenus appartenans ausdits Ecclesiastiques residens au dedans du Diocese de Paris, tant de ceux qui sont assis en iceluy, que par tout ailleurs au dedans de nostre dit Royaume, & qui les detiennent & occupent, leur en delaissent l'entiere possession & libre jouïssance, auec tels droicts, libertez & seuretez qu'ils auoient auparauant qu'ils fussent dessaisis.

2. Et pour plus ample & perpetuelle declaration & tesmoignage de la singuliere affection & amour que nous portons à nostre bonne ville de Paris, l'auons remise, reintegrée & restituée, remettons, reintegrons, & restituons en tous les anciens priuileges, droits, concessions, octroys, franchises, libertez & immunitez, qui cy-deuant luy ont esté accordez par les Roys nos predecesseurs, que nous luy octroyons de nouueau, confirmons, & continuons par ces presentes: pour en iouyr & vser à l'aduenir

X

tout ainsi qu'elle en a bien & deuëment iouy par le passé, & auparauant les presens troubles: tant en ce qui concerne l'Vniuersité, Corps & Hostel de Ville, Preuost des Marchands, Escheuinage, & Officiers d'icelle, que tous autres Corps, Colleges & Communautez, de quelque tiltre & qualité qu'ils soient, qui cy-deuant & auparauant lesdits troubles y ont esté establis.

3. Et pour oster toute occasion de recherches, procez & querelles à l'aduenir, à cause des choses passées durāt lesd. troubles, Auons en declarant plus amplement nostre volonté sur la décharge & abolitiō contenuë cy-dessus, dit & ordonné, disons & ordonnons, que la memoire de tout ce qui est passé en ladite ville de Paris, & és enuirons, pour le regard de ce qui peut concerner lesdits habitans, & autres qui se feront trouuez dans ladite ville, lors de la reduction d'icelle, lesquels feront dans huict iours apres la publication des presentes, les sermens & promesses contenuës en nostre Declaration, cy-deuant

publiée en noſtre Parlement ſeant à Tours, depuis le commencement des preſens troubles, & à l'occaſion d'iceux iuſques à preſent, demeurera eſteinte & aſſoupie, tant en la priſe des armes, entrepriſe des villes, forcemens d'icelles, chaſteaux, maiſons, & fortereſſes, demolitions d'icelles, priſes de deniers des receptes generales, particulieres, decimes, gabelles & ventes de ſel, impoſitions miſes ſur iceluy, & toutes autres impoſitions & leuées de deniers, tant en ladite ville qu'és enuirons, traictes & impoſitions foraines miſes ſur les denrées & marchandiſes, viures, fontes d'artillerie & boullets, confection de poudres & ſalpeſtres, & autres munitions de guerre, fabrication de monnoyes, practiques, leuées de gens de guerre, conduitte & exploit d'iceux, ligues, negotiations & traictez faits tant dedans que dehors le Royaume, ventes de biens meubles, couppe de bois taillis & haute-fuſtaye, amandes, butins, rançons, & tous autres actes d'hoſtillité. Et generalement toutes autres choses qui ont esté faites, gerées & negotiées en quelque forme & maniere que ce soit, en public ou particulier, durant les presens troubles & à l'occasion d'iceux, sans que lesdits habitans ny aucuns d'iceux en puissent à l'aduenir estre poursuiuis, inquietez, molestez ny recherchez en quelque sorte & maniere que ce soit: voulons à ceste fin qu'ils en demeurent quittes & deschargez, imposant sur ce silence perpetuel à nos Procureurs generaux, & à toutes autres personnes. Entendons aussi & leur enjoignons tres-expressement qu'ils ayét à se despartir de toutes ligues, traictez, associations, pratiques, intelligences, tant dedans que dehors ce Royaume, contraires à nostre authorité, sur peine d'estre punis comme Criminels de leze Majesté. Et pour éuiter toute occasion de querelle & dispute entre nos subiets, leur auons inhibé & deffendu, inhibons & deffendons par ces presentes de s'entre-injurier, reprocher, offenser, ne prouoquer l'vn l'autre, de fait, ou parole, pour raison de ce qui s'est passé durant &

du Parlement.

pendant lesdits troubles, ains se contenir, & viure paisiblement ensemble, comme bons freres, amis & concitoyens, sous l'obseruation de nos Edicts, sur peine aux cõtreuenans d'estre punis sur le chãp, & sans autre forme ne figure de procez, comme perturbateurs du repos public.

4. Voulons en outre & ordonnons que tous Arrests, Commissions & executions d'icelles, decrets, sentences, iugemens, contrats & autres actes de Iustice, donnez entre personnes de mesme party, & entre tous autres qui auront volontairement contesté tant és Cours Souueraines, Preuosté de Paris, Siege Presidial, & autres Cours & Iurisdictions de ladite Ville, Preuosté & Vicomté, durant lesdits troubles, sortent effect. Et ne sera fait aucune recherche des executions de mort qui ont esté faites durant iceux, par authorité de Iustice, ou par droict de guerre & commandement des Chefs. Et pour le regard des Arrests, Sentences, & Iugements donnez contre les absens tenans diuers partis, soit en Iustice cri-

minelle ou ciuile, en toutes les Cours Souueraines de ce Royaume, & iurisdiction d'icelles, demeureront nuls & sans effect, pour quelque cause & occasion que ce puisse estre: comme aussi tous Iugemens & Arrests donnez à l'encontre du Comte de Brissac en consequence du party qu'il a tenu, sont cassez & reuoquez, ensemble les dons par nous faits ou par nostre predecesseur, des biens à luy appartenans, en consideration du grand, loyal & recommandable seruice qu'il nous a fait, & à l'vniuersel de ce Royaume, en la reduction soubs nostre obeïssance de nostre-dite bonne ville de Paris. Et quant aux executions de mort, qui ont esté faites d'aucuns desdits habitans, pour raison des cas dependans desdits troubles, Voulons & entendons que lesdites executions ne portent prejudice à l'honneur & memoire des defuncts: & que les confiscations que nos Procureurs ont pretendu ou pourroient pretendre, n'auront aucun lieu, au prejudice de leurs veufues, enfans & heritiers.

5. Voulons & nous plaist, que tous lesdits habitans qui satisferont ausdites promesses, submission & serment, rentrent en la iouïssance de leurs biens, offices, dignitez & domaine, en quelque lieu qu'ils soiét scituez & assis: reuoquant tous dons & concessions faites d'iceux au prejudice de ceux ausquels ils appartenoient, ou de leurs veufues & heritiers.

6. Et pour le regard des saisies qui ont esté cy-deuant faites, sur les biens, heritages, rentes & reuenus desdits habitans de Paris, & autres lieux de ladite Preuosté & Vicomté qui satisferont ausdites promesses & submissions, en quelques lieux que lesdits biens soient scituez & assis, demeureront nulles. Et donnons à iceux habitans pleine & entiere mainleuée desdites saisies, & leurs auons quitté & remis ce qui nous en pourroit estre deub à cause d'icelles : Nonobstant tous dons qui en pourroient auoir esté faits, que nous auons cassez & reuoquez, cassons & reuoquons, sans auoir esgard aux obligations & promesses non acquittées,

faites par les Laboureurs ou Fermiers, tant aux donataires, qu'aux Commissaires & Fermiers de Iustice, lesquelles seront & demeureront nulles. Et quant aux debtes & credits deus ausdits habitans, Voulons que sans auoir esgard aux dons qui en pourroient auoir esté faits, que nous auons pareillement cassez & reuoquez, cassons & reuoquons, ils puissent contraindre & faire contraindre ceux qui leur sont obligez par cedulles, promesses, obligations ou transports, en la mesme forme qu'ils eussent fait ou peu faire auant lesdits troubles.

7. Toutes prouisions d'Offices faites par le Duc de Mayenne demeureront nulles & de nul effect. Et neantmoins ceux qui ont obtenu lesdites prouisions par mort ou resignation de ceux du mesme party, (excepté les Estats de Presidens en nos Cours Souueraines) seront conseruez esdites offices par nos lettres de prouision, qui sur ce leur seront expediées sans payer finance. Comme aussi seront conseruez par la mesme forme

me les nouueaux Officiers par nous erigez sur le faict du sel, qui ont obtenu prouisions du Duc de Mayenne, lesquelles demeureront pareillement nulles & de nul effect.

8. Ceux qui ont esté pourueus par le Duc de Mayenne, de benefices non consistoriaux, estans dans ladite ville, vacquez par mort, y seront aussi conseruez, en prenant de nous les expeditions pour ce necessaires: Et demeureront nulles celles qui leur ont esté accordées par le Duc de Mayenne.

9. Et pour le regard de ceux desdits habitans, qui ne se sont trouuez dans ladite ville lors de la reduction d'icelle, en quelque part qu'ils puissent auoir esté ou estre, iouyront du mesme benefice que les autres qui s'y sont trouuez, s'ils s'y retirent dans vn mois apres la publication des presentes, & faisant par eux lesdites submissions, pour y viure sous nostre obeïssance.

10. Tous ceux desdits habitans qui sortiront de ladite ville sous nos passe-ports,

Y

pour se retirer en autres lieux de nostre obeissance, iouyront de leurs biens sans qu'ils y soient troublez ny molestez, se comportans modestement, sans faire chose contraire à la fidelité qu'ils nous doiuent, & en faisant les submissions & promesses cy-dessus contenuës.

11. Pour soulager lesdits habitans, ne pourront durant la presente année les debteurs des rentes constituées estre contraints de payer plus de l'année courante des arrerages d'icelle, par chacun quartier, sans prejudice des autres arrerages precedens, pour lesquels sera fait reiglement le plus au soulagement d'vn chacun que faire se pourra.

12. Que les comptes rendus à Paris durant les troubles, par aucuns comptables pardeuant les Officiers des Comptes qui ont residé, ne seront sujets à reuision, si ce n'est és cas de l'Ordonnance.

13. N'entendons toutesfois comprendre en ces presentes ce qui a esté fait par forme de volerie, & sans adueu, pour raison dequoy nous auons permis & permettons

à toutes personnes de se pouruoir par les voyes de Iustice, ainsi que bon leur semlera: cóme aussi sont exceptez tous ceux qui se trouueront coulpables de l'execrable assassinat cómis en la personne du feu Roy nostre tres-cher sieur & frere, que Dieu absolue, & de conspiration sur nostre vie : Et pareillement tous crimes & delits punissables entre gens de mesme party.

Si donnons en mandement à nostre tres-cher & feal Chancellier, Officiers de la Couronne, Ducs & Pairs de France, & autres Seigneurs de nostre Conseil, & Maistres des Requestes ordinaires de nostre Hostel, à ce par nous commis & deputez, qu'ils fassent lire, publier, & enregistrer ces presentes, és Registres de nostre Cour de Parlement, Chambre de nos Comptes, Cours de nos Aydes, Generaux des Monnoyes, & par tout ailleurs où il appartiendra : Voulans & ordonnans que le contenu en icelles soit inuiolablement gardé & obserué, & nonobstant oppositions ou appellations quelconques, Edicts, Declarations, Arrests, Iugemens, Lettres, Mandemens, Defences, & autres choses à ce contraires, ausquelles nous auons pour ce regard derogé & derogeons, ensemble aux derogatoires des derogatoires y contenuës. Car tel est nostre plaisir. Et afin que ce soit chose ferme & stable à tousiours, nous auons fait mettre nostre seel à cesdites presentes signées de nostre main.

Donné à Paris au mois de Mars, l'an de grace mil cinq cens quatre-vingts quatorze. Et de nostre regne le cinquiéme. Ainsi signé, HENRY. Et plus bas. Par le Roy, RVZE´ Et à costé VISA. Et scellé du grand seau en lacs de soye de cire verte.

Le Roy a ordonné & ordonne que sur le reply de ces lettres, sera mis, leuës, publiées, & regiſtrées, ouy & ce requerant son Procureur General. Fait à Paris en la grand' Chambre de Parlement, Monsieur le Chancellier y seant, auec les Officiers de la Couronne, Ducs &

Pairs de France, Conseillers de son Conseil d'Estat, & aucuns des Maistres des Requestes Ordinaires de son Hostel, le 28. iour de Mars, mil cinq cens quatre-vingts quatorze. Signé, L'VILLIER.

Le Roy a ordonné & ordonne, que sur le reply de ces Lettres sera mis, Leuës, publiées, & registrées. Fait à Paris en la Chambre des Comptes, Monsieur le Chancellier y seant, auec les Officiers de la Couronne, Ducs & Pairs de France, Conseillers de son Conseil d'Estat, & aucuns des Maistres des Requestes Ordinaires de l'Hostel, le 28. de Mars, mil cinq cens quatre-vingts quatorze.
Signé,   L'VILLIER.

Le Roy a ordonné & ordonne, que sur le reply de ces Lettres sera mis, Leuës, publiées, & registrées, oüy & ce requerant le Procureur General du Roy. Fait en la Chambre des Aydes, à Paris, Monsieur le Chancellier y seant, auec les Officiers de la Couronne, Ducs & Pairs de

France, Conseillers de son Conseil d'Estat, & aucuns des Maistres des Requestes Ordinaires de son Hostel, le 28. Mars mil cinq cens quatre-vingts quatorze.
Signé, L'VILLIER.

Il est ordonné que sur le reply desdites Lettres sera mis, Leuës, publiées & enregistrées. Fait à Paris, en la Chambre des Monnoyes, par les Sieurs de Riz & de Pontcarré, Conseillers du Roy en son Conseil d'Estat, & Commissaires à ce deputez par sa Majesté, le 28. iour de Mars, mil cinq cens quatre-vingts quatorze. Signé, L'VILLIER.

Du 29. Mars 1594.

MESSIEVRS.

sic. Monsieur le Chancellier.
Monsieur d'O Gouuerneur de l'Isle de France.
Monsieur de Bellievre, } Conseillers
Monsieur de Pontcarré, } d'Estat.

du Parlement. 175

MESSIEVRS,

M. N. Bruſlart,
M. Hennequin,
M. Boucher, } Maiſtres des Re-
M. Tronçon, } queſtes.
M. F. Charlet.

MESSIEVRS,

E. Fleury,   I. le Iau,
H. Anroux,   I. Bellanger,
P. Damours,   Ph. Iabin,
G. du Vair,   Ph. le Maſuier,
H. du Faur,   E. Molé,
C. le Mareſchal,   I. Courtin,
H. de Villars,   F. Briçonnet,
I. Cheuallier,   D. de Heere.
A. Hennequin,

Le Boſſu, Delandes, de Gouſſancourt, Rubentel, Soly, de Marillac, de Soulfour, Bouchet, Gaudart, le Febure, I. de Meſme, le Clerc, de Hacqueuille, G. de Meſme, Midorge, Pinon, Foucher, le Picard, le Preuoſt, Veau, Leſcalopier, N. Cheuallier, Houderon, le

Coigneux, de la Place, Boucher, Fayet, de Bordeaux, Lallement, de Pleures, de Tournebus, L. de Bragelongne, Feydeau, le Prestre.

sic.
Ce iour la Cour, toutes les Chambres assemblées, pour aller à la procession qui s'est faite de par le Roy, pour rendre graces à Dieu de l'heureux succés & entrée dudit Seigneur en cette Ville de Paris le vingt-deuxiesme de ce mois, & de la reduction d'icelle en son obeïssance, d'autant qu'il n'y auoit aucun President pour conduire le corps de ladite Cour : *A arresté & ordonné*, que Maistre Estienne de Fleury, comme plus ancien Conseiller en icelle, marchera le premier à ladite procession, tenant la dextre par le haut lieu, & que Maistre Nicolas Bruslard, comme plus ancien des Maistres des Requestes, marchera à costé & au dessous de luy. Cependant ledit Maistre Estienne de Fleury accompagné de Messieurs Maistres Iean le Iau, Hierosme du Four, Pierre Damours, Philippes

lippes Iabin, Iacques Bellanger, Oliuier le Boſſu, Denys Rubentel, & pluſieurs autres des Conſeillers de ladite Cour, ſont allez au Chaſteau du Louure pour ſaluer le Roy & luy rendre actions de graces de la part de ſon Parlement : Et eſtans leſdits Sieurs de retour, ledit de Fleury a dit & rapporté à ladite Cour, qu'il, & Meſſieurs les Deputez auec luy, eſtans allez vers le Roy, leur a eſté dit, qu'il n'eſtoit encores leué, qui a eſté cauſe qu'ils ont attendu aſſez long-temps, enfin le ſieur de Bellieure les a fait entrer, auec excuſe de ce qu'on les auoit fait attendre, d'autant que le Roy n'eſtoit leué, lequel ne les vouloit receuoir qu'il ne fuſt habillé, les a fait entrer au Cabinet, où eſtoit ledit Seigneur, Monſieur le Chancellier, & pluſieurs autres Seigneurs, où apres auoir mis vn genouïl en terre, en la maniere accouſtumée, luy a eſté dit ; SIRE, Vos tres-humbles & tres-loyaux Subjects & Seruiteurs les Gens tenans voſtre Cour de Parlement, ſont venus pardeuers vous pour ſaluër

Z

Voſtre Majeſté, vous rendre l'obeïſſance qu'ils vous doiuent comme à leur vray, naturel & legitime Roy, vous teſmoigner la joye & contentement qu'ils ont de voſtre heureux aduenement en voſtre bonne Ville de Paris, duquel quand nous conſiderons les moyens de ce progrez, nous le jugeons eſtre vn vray miracle de la main de Dieu, lequel nous a fait cette grace apres nos continuelles prieres & ſupplications de nous auoir tout à vn inſtant deliurez de la captiuité des eſtrangers, & reduits ſous l'obeïſſance de noſtre Roy. Et à vous auſſi, Sire, a fait cette grace d'auoir non ſeulement accrû voſtre dignité Royale de la poſſeſſion du chef, lieu & ville capitale de voſtre Royaume: mais auſſi de vous auoir baſty vn honneur immortel, ayant fait paroiſtre vos vertus Royales & Clemence naturelle, deſquelles il s'eſt ſeruy comme d'vn excellent inſtrument pour parfaire vn ſi beau & ſi ſignalé chef-d'œuure. Nous vous remercions donc, Sire, de toute la puiſſance de nos ames de cette heureuſe deliurance, en memoire de laquelle nous fera ce 22. iour de Mars solemnel à perpetuité, & voüé au seruice de Dieu pour le remercier de ses graces. Cette action de grace, Sire, nous est commune auec tous les Corps de la Ville, commune auec tout le reste de vostre Royaume, qui ressentira les fruicts de cette heureuse reddition: mais il y en a vne autre qui nous touche particulierement, qui est pour l'honorable restablissement qui fut le iour d'hier fait de vostre Parlement, par lequel, Sire, vous auez recogneu la droite & sincere intention de cette Compagnie au maniement des affaires qu'elle a eu en cette Ville de Paris pendant ces mal-heureux troubles, pour le soustien & manutention de vostre Couronne, lors que pour la luctueuse absence du feu Roy de bonne memoire, elle fut contrainte pour le lieu qu'elle tenoit prendre le gouuernail en main de cette grãde Nef, estans les feux de la sedition allumez de toutes parts. Nous vous pouuons asseurer, Sire, que cette Compagnie n'y a rien oublié de ce qu'il luy fut possible, auec si peu d'authorité qui luy pouuoit rester, pour conseruer l'Estat & Couronne de France au milieu des grandes tempestes, qui ne menassoient rien moins que l'entiere euersion d'iceluy, prenans en nostre garde & protection les plus precieux gages de vostre Royaume, vostre bonne Ville, vostre Palais Royal & Lict de Iustice, & les Loix de vostre Monarchie. Nous les auons, Sire, conseruez auec le danger de nos vies, & les vous representons aujourd'huy comme bons & fideles depositaires, specialement vostre bonne Ville, encores que pasle & deffaite pour la longue maladie, toutesfois en voye de pleine santé, & d'estre remise en son ancienne beauté & splendeur par vostre presence, vostre Lict de Iustice en son entier, auquel nous esperons en bref vous voir seoir en vostre Majesté Royale, les Loix fondamentales de vostre Royaume, & mesmement la Loy Salique, laquelle, à ce grand coup d'Estat pratiqué par les Espagnols, nous auons conseruée, opposans roidement & virilement tout ce que Dieu nous auoit donné de force & d'authorité à ses desseins, auec le peril quasi tout euident de nos vies, pour luy arracher des mains vostre Couronne, qu'il auoit ja enuahie par esperance. Nous sçauons, Sire, que nos actions journellement forcées & contraintes de ployer sous la fureur du peuple, donnoient matiere & sujet de calomnier nos bonnes intentions, si vostre prudence singuliere accompagnée de vostre bonté & clemence n'eust penetré iusques au fonds d'icelle, & par ce beau & honorable Edict de restablissement recogneu leur droiture & sincerité, & par icelle approuuez & recogneus les gens de vostre Parlement pour vos bons & loyaux subjets. C'est, Sire, la seconde & la plus particuliere action de graces que nous auons à faire à Vostre Majesté, & la remercions tres-humblement de ce bien & honneur, vous suppliants maintenir tousiours cette Compagnie de vostre Parlement en vos bonnes graces, comme nous prions de tout noſtre cœur la Bonté diuine vous faire regner longuement & en toute proſperité ſur ce grand Royaume, deſirans qu'elle nous faſſe la grace de vous y ſeruir à ſon honneur, à voſtre contentement & bien general de tous vos ſubjets.

Sur ce le Roy a reſpondu, Qu'il auoit grand contentement de ce que l'execution à l'entrée de ſadite Ville a eſté ſi doucement faite, ayant touſiours apprehendé que les gens de guerre qu'il a eſté contraint amener auec luy ne fiſſent quelque deſordre, pource qu'il deſiroit en tout ſoulager ſes bons ſubjets, & que luy & nous deuons recognoiſtre que le tout auoit eſté conduit par la bonté de Dieu, qui y auoit plus operé que les hommes, & qu'il auoit aſſez experimenté & cogneu que ſa Cour de Parlement auoit apporté toute affection à ſon ſeruice, encores que l'injure des temps les euſt pû deſtourner, priant ſon Parlement de touſiours continuer en cette meſme volonté. Et ſur ce ſont venus en la Cour lesdits sieurs de Bellievre & de Pontcarré Conseillers d'Estat, lequel sieur de Bellievre ayant offert à la Cour, tant en general qu'en particulier, tout plaisir & seruice, a esté remercié par ledit de Fleury de la part de ladite Cour, & de ce qui se passa le jour d'hier au restablissement du Parlement, comme estant prouenu de son bon conseil. Et quelque peu apres sont arriuez Monsieur le Chancelier & le sieur d'O Gouuerneur de l'Isle de France, lesquels ensemble auec les autres Seigneurs cy-deuant nommez, sçachans que le Roy estoit à la Sainte Chappelle, sont partis de la Chambre dudit Parlement enuiron les dix heures du matin, ledit sieur Chancelier marchant deuant, & ledit sieur d'O auec luy, lesdits sieurs de Bellievre & de Pontcarré apres, & apres eux lesdits sieurs Maistres des Requestes & Conseillers de ladite Cour, reuestus de leurs robbes & chapperons rouges, & sont allez à ladite Sainte Chappelle, où le Roy les attendoit, de laquelle ledit Seigneur & les sieurs Prelats &

Gentils-hommes qui l'accompagnoient, ensemble lesdits sieurs cy-deuant nommez, & les autres Corps & Compagnies sont partis & assisté à ladite procession, qui s'est faite de ladite Saincte Chappelle pardessus les ponts aux Changeurs, & de Nostre-Dame en l'Eglise de Paris, où outre les Reliques des Parroisses, ont esté portez le Tableau S. Sebastien, & le Chef Sainct Philippes de l'Eglise de Paris, & la Croix de Victoire, la vraye Croix, le Chappeau d'Espines, & le Chef Sainct Louys de la Saincte Chappelle, l'Euesque de Langres faisant l'Office, lequel a dit & celebré la Messe en ladite Eglise de Paris.

Du 30. & penultiesme Mars 1594. les Chambres assemblées.

Sic. Ce iour, apres auoir veu par la Cour l'information faite d'office, de l'Ordonnance & par l'vn des Conseillers d'icelle, sur la vie, mœurs & Religion Catholique de Maistre Iean le Maistre Aduocat en en ladite Cour, pouruu par le Roy de l'Estat & Office de septiesme President en ladite Cour, nouuellement creé par ledit Seigneur par son Edict du present mois de Mars : Conclusions sur ce du Procureur General du Roy, & la matiere mise en deliberation : *Ladite Cour a arresté* & ordonné, que ledit le Maistre sera receu, toutes les Chambres assemblées, audit Estat & Office en faisant le serment pour ce requis & accoustumé, à la charge neantmoins de suppression en cas de vacation par mort, & sans tirer à consequence ; & lequel à l'instant mandé, toutes lesdites Chambres assemblées, & enquis par serment si pour paruenir audit Office & Estat il a donné, fait donner, promis donner, ou esperance de donner, ou faire donner, par luy ou par autres, or, argent, ou autre chose equipolent, & qu'il a dit que non, a fait & presté le serment audit Estat & Office appartenant, & y a esté receu, fait profession de Foy, Religion Catholique, Apostolique & Romaine, & l'a iurée, & ce fait

A a

s'est assis en la place & rang des Presidens. En suite est l'Arrest sur l'Edict de creation dudit Office, pour y estre à-present pourueu, & d'oresnauant quand vacation escherra: *A esté ordonné*, qu'il sera registré à la charge de ladite suppression.

Dudit iour.

Sic. La Cour a commis & commet Maistre Guillaume du Vair Conseiller Lay en icelle, & Iean Pithou Aduocat en ladite Cour, exerçeant par Commission l'Estat de Procureur General du Roy, pour veoir & visiter les Registres & liaces des Arrests, Deliberations, & autres actes & expeditions faites pendant les Troubles, afin de veoir s'il y en a aucuns à supprimer.

Dudit iour.

Sic. La Cour a ordonné & ordonne, que les Aduocats & Procureurs receus en icelle tant auparauant les Troubles que pendant iceux, continueront l'exercice de leurs charges, en faisant par eux le serment de fidelité, duquel sera fait lecture.

Dudit iour.

Sur Lettres patentes en forme d'Edict Ext. de creation d'vn Office de Conseiller & Maistre des Requestes, outre ceux qui sont creez & establis, pour estre à present & quand vacation escherra pourueu. *La Cour ordonne*, que lesdites Lettres seront leuës, publiées & regiſtrées, oüy le Procureur General, pour estre pourueu audit Office de personne capable & de la qualité & merite portez par lesdites Lettres, à la charge neantmoins de suppression en cas de vacation par mort, & sans tirer à consequence.

Arrest de la Cour de Parlement de Paris, du trentiesme iour de Mars mil cinq cens quatre-vingts quatorze, sur ce qui s'est passé durant les presens Troubles: contenant la reuocation de ce qui a esté fait au prejudice de l'authorité du Roy & des loix du Royaume.

Sic. La Cour ayant dés le douziesme iour du mois de Ianuier dernier interpelé le Duc de Mayenne de recognoistre le Roy, que Dieu & les loix ont donné à ce Royaume, & procurer la paix, sans qu'il y ait voulu entendre, empesché par les artifices des Espagnols & leurs adherans: & Dieu ayant depuis, par sa bonté infinie, deliuré cette ville de Paris des mains des estrangers, & reduite en l'obeissance de son Roy naturel & legitime: apres auoir solemnellement rendu graces à Dieu de cét heureux succés, voulant employer l'authorité de la Iustice souueraine du Royaume, pour, en conseruant la Religion Catholique, Apostolique &

Romaine, empescher que soubs le faux pretexte d'icelle les estrangers ne s'emparent de l'Estat, & rappeller tous Princes, Prelats, Seigneurs, Gentils-hommes, & autres subjets, à la grace & clemence du Roy, & à vne generale reconciliation, & reparer ce que la licence des guerres ciuiles a alteré de l'authorité des loix & fondement de l'Estat, droicts & honneurs de la Couronne : La matiere mise en deliberation en ladite Cour, toutes les Chambres assemblées, A declaré & declare tous Arrests, Decrets, Ordonnances & sermens donnez, faits & prestez depuis le 29. Decembre 1588. au prejudice de l'authorité de nos Roys & Loix du Royaume, nuls, & extorquez par force & violence, & comme tels les a reuoquez, cassez & annullez, & ordonné qu'ils demeureront abolis & supprimez : & par especial a declaré & declare tout ce qui a esté fait contre l'honneur du feu Roy Henry III. tant de son viuant que depuis son deceds, nul. Fait deffenses à toutes personnes de parler de sa memoire autrement qu'auec tout honneur & respect. Et outre ordonne, qu'il sera informé du detestable parricide commis en sa personne, & procedé extraordinairement contre ceux qui s'en trouueront coulpables. A ladite Cour reuoqué & reuoque le pouuoir cy-deuant donné au Duc de Mayenne soubs la qualité de Lieutenant General de l'Estat & Couronne de France. Fait deffenses à toutes sortes de personnes de quelque estat & condition qu'ils soient de le recognoistre en cette qualité, luy prester aucune obeïssance, faueur, confort ou ayde, à peine d'estre punis comme criminels de leze Majesté au premier chef. Et sur les mesmes peines enjoint audit Duc de Mayenne & autres Princes de la Maison de Lorraine, de recognoistre le Roy Henry IV. de ce nom Roy de France, pour leur Roy & souuerain Seigneur, & luy rendre l'obeïssance & seruices deubs : Et à tous autres Princes, Prelats, Seigneurs, Gentils-hommes, Villes, Communautez & particuliers, de quitter le pretendu party de l'Vnion, duquel le Duc de Mayenne s'est fait chef, & rendre au Roy seruice, obeissance & fidelité, à peine d'estre lesdits Princes, Seigneurs & Gentils-hommes degradez de Noblesse, & declarez roturiers eux & leur posterité, de confiscation de corps & de biens, razement & demolitions des Villes, Chasteaux & places qui seront refractaires au Commandement & Ordonnances du Roy.

A cassé & reuoqué, casse & reuoque tout ce qui a esté fait, arresté & ordonné par les pretendus Deputez de l'Assemblée tenuë en cette ville de Paris, soubs le nom d'Estats Generaux de ce Royaume, comme nul & fait par personnes priuées, choisies & practiquées pour la plusparr par les factieux de ce Royaume & partisans de l'Espagnol, & n'ayans aucun pouuoir legitime.

Fait deffenses ausdits pretendus Deputez, de prendre cette qualité, & de plus s'assembler en cette Ville ou ailleurs, à peine d'estre punis comme perturbateurs du repos public, & criminels de leze-Majesté. Et enjoint à ceux desdits pretendus Deputez, qui sont encores de present en cette ville de Paris, de se retirer chacun en leurs maisons, pour y viure sous l'obeïssance du Roy, & y faire le serment de fidelité pardeuant les Iuges des lieux.

A aussi ordonné & ordonne, que toutes processions & solemnitez ordonnées pendant les troubles & à l'occasion d'iceux cesseront, & au lieu d'icelles sera à perpetuité solemnisé le vingt-deuxiesme iour de Mars, & audit iour faite procession generale en la maniere accoustumée, où assistera ladite Cour en robbes rouges, en memoire, & pour rendre graces à Dieu de l'heureuse deliurance & reduction de ladite ville en l'obeïssance du Roy. Et afin que personne ne puisse pretendre cause d'ignorance du present Arrest, a ordonné & ordonne qu'il sera leu & publié à son de trompe & cry public, par tous les carrefours de cette ville de Paris, & en tous les Sieges de ce ressort.

Et

du Parlement.

Et à cette fin sera imprimé, & envoyé à la diligence du Procureur General du Roy, à tous ses Substituds, ausquels elle enjoint de tenir la main à l'execution d'iceluy, & en certifier ladite Cour. Fait en Parlement le trentiesme iour de Mars, l'an mil cinq cens quatre vingt-quatorze.

Leu & publié à son de trompe & cry public par les carrefours de cette ville de Paris, le lendemain dernier iour dudit mois. Signé, DE VILLOVTREIS.

Du dernier Mars 1594.

Ce iour ont esté prononcez par Monsieur le President le Maistre, l'audiance ouuerte, les deux Arrests le iour d'hier donnez les Chambres assemblées, l'vn concernant la reuocation du pouuoir donné au Duc de Mayenne, & l'autre pour la continuation de l'exercice des Aduocats & Procureurs, en faisant le serment, dont la teneur ensuit, lequel

sic.

ils ont juré & signé. Enſuit ledit ſerment.

sic. Nous Aduocats & Procureurs en la Cour de Parlement, qui par cy-deuant auons eſté contraints de demeurer & exercer nos Charges & Eſtats en la Ville de Paris, combien que par Lettres Patentes le Roy ait interdit ladite Cour, & qu'il ait eſté deffendu exercer noſdites Charges, neantmoins ayant plû au Roy par ſa bonté & clemence de nous vouloir conſeruer en nos biens, Charges & Eſtats, jurons & atteſtons deuant Dieu & ſur les ſainctes Euangiles, que nous recognoiſſons de cœur & d'affection pour noſtre Roy & Prince naturel & legitime Henry IV. Roy de France & de Nauarre, à preſent regnant, promettant à Sa Majeſté ſur nos vies, biens & honneurs de luy garder la foy & loyauté auec toute reuerence & parfaite obeiſſance, & pour la conſeruation de ſa perſonne, de ſon Eſtat & Couronne, & meſme de cette Ville de Paris ſous ſon authorité & commandement expofer nos vies & biens pour fon feruice & maintention de fon Eftat, promettons en outre de n'auoir iamais communication, pratique, & intelligence auec ceux qui fe font efleuez en armes contre Sa Majefté, & tous autres qui fe peuuent efleuer cy-apres, que nous declarons ennemis de l'Eftat & les noftres particuliers, renonçans à toutes ligues, fermens & affociations que nous pouuons auoir cy-deuant à l'occafion de la malice des temps faites, contre & au prejudice de cette prefente declaration, recognoiffans en toute humilité auoir reçeu à grace fpeciale la bonté & clemence dont il a pleu à Sa Majefté d'vfer enuers nous, dequoy nous luy rendons grace tres-humbles, fuppliant le Createur de toutes nos affections de nous le conferuer longuement & heureufement, & luy donner victoire fur fes ennemis, pour tefmoignage dequoy nous fommes particulierement foubs-fignez. Fait en Parlement le dernier Mars mil cinq cens quatre-vingts quatorze.

Du Vendredy premier Auril 1594.

Ext. Reception de Maiſtre Martin Langlois en l'Office de Maiſtre des Requeſtes nouuellement creé par Edict du mois de Mars dernier, à la charge neantmoins de ſuppreſſion en cas de vacation par mort, & a fait le ſerment n'auoir donné argent, ny choſe equipolent, & ce fait s'eſt aſſis au deſſus du Doyen des Conſeillers.

Ext. Sur rapport de Maiſtre Edoüard Molé Conſeiller commis pour oüir Maiſtres Anthoine de Beauuais Maiſtre des Requeſtes, & Charles Huault Conſeiller au Grand Conſeil ſur les conuentions de la reſignation dudit Eſtat de Maiſtre des Requeſtes en faueur dudit Huault, *A eſté ordonné* que ledit Huault ſera reçeu, & mandé, a fait ſerment, eſté reçeu, & s'eſt aſſis au deſſus du Doyen des Conſeillers.

Du 2. Auril 1594.

Ce iour Maiſtre Emard Hennequin *Sic.* Archeueſque de Rheims, a fait & preſté le ſerment de fidelité, conformement à celuy fait le 28. Mars dernier paſſé par Meſſieurs les Preſidens, Maiſtres des Requeſtes, Conſeillers & autres Officiers de ladite Cour, duquel lecture luy a eſté faite.

En ſuite ſont quelques autres Arreſts *Ext.* ſemblables de quelques Officiers.

Du Lundy 4. Auril 1594.

Ce iour la Cour a ordonné & ordon- *Sic.* ne, que Maiſtres François le Peltier, Hieroſme le Maiſtre, Pierre Deſcroiſettes, Iean Bagereau, Adam le Vaſſeur, & Michel de Lanſon Conſeillers en icelle, continueront l'exercice de leurs Eſtats, en faiſant le ſerment de fidelité, ſans prejudice pour le regard dudit Bagereau de la pretenduë opposition formée par Maistre Pierre Habert, sur laquelle les parties se pouruoiront au Conseil, ainsi qu'ils verront estre à faire, conformement à celuy fait le 28. Mars dernier par Messieurs les Presidens, Conseillers, & autres Officiers de ladite Cour, duquel lecture leur a esté faite.

Declaration du Roy, sur autre precedente du vingt-septiesme iour de Decembre dernier passé, pour r'appeller tous ses subjets à sa grace & clemence, & à une generale reconciliation & vraye reünion sous l'obeïssance de sa Majesté. Du 4. Auril 1594.

Sic. HENRY par la grace de Dieu Roy de France & de Nauarre : A tous ceux qui ces presentes Lettres verront, Salut. Nous auons par nos Lettres de Declaration publiées en nostre Parlement seant à Tours, au mois de Ianuier, enjoint tres-expressement à tous nos subjets, tant Ecclesiastiques, de la Noblesse,

du Parlement. 217

que du tiers Eſtat, de ſe deſpartir de toutes ligues, intelligences & aſſociations faites contre noſtre authorité, & ſans noſtre commandement, leur ordonnant que dans vn mois apres la publication deſdites Lettres ils fiſſent ſerment pardeuant les Gouuerneurs, nos Lieutenans Generaux és Prouinces, Baillifs, Seneſchaux, ou leurs Lieutenans, de nous rendre fidele obeïſſance, ainſi que le deuoir de bons & vrays ſubjets les oblige : & en eſpecial, auons exhorté & admoneſté, comme auſſi par ces preſentes exhortons & admoneſtons les Villes, & tous les Corps & Communautez de ceſtuy noſtre Royaume, que ſatisfaiſant à la fidelité qu'ils nous doiuent, ils quittent le party de ceux leſquels les ayant ſeduit & abuſé ſous vn faux pretexte de Religion, ont fait tout effort de renuerſer & abolir les ordres, & toutes les Loix qui iuſques à preſent ont eſté obſeruées en cedit Royaume. Ce que Dieu n'a voulu permettre, nous ayant fait la grace qu'apres la reduction des Villes de Meaux, Lyon, Or-

leans, Bourges, Pontoise, & autres, nostre bonne Ville de Paris a satisfait au deuoir que nous nous estions dés long-temps promis de leur fidelité & affection à nostre seruice: comme aussi ont fait celles de Roüen, du Havre, Ponteau-de-mer, & Vernueil, que nous auons reçeu en nostre bonne grace, leur ayant departy, ce dont ils ont eu besoin, & nous ont requis, nostre faueur & protection, ainsi que nous auons resolu de faire à l'endroit de toutes nos autres Villes, les reünissant au corps & à l'vniuersel de cedit Royaume, pour, moyennant l'ayde de Dieu, y viure d'oresnauant sous les Loix d'iceluy en l'honneste repos, seureté & commodité, dont les François ont joüy au temps des regnes paisibles des Roys nos predecesseurs. Mais d'autant que pour diuers empeschemens plusieurs bonnes Villes & particuliers n'auroient peu se declarer du desir qu'ils nourrissent dans leur cœur, de nous rendre l'obeïssance à laquelle nous les auons conuié par lesdites lettres dans ledit terme d'vn mois, qui est
à pre-

à present expiré, Auons pour plusieurs bonnes causes & considerations à ce nous mouuans, de l'aduis de nostre Conseil, dit & declaré, disons & declarons, que tous les Princes, Prelats, Seigneurs, & autres nos subjets, tant du Clergé, Noblesse, que du tiers Estat, les Villes, Bourgs & Communautés, & generalement tous nosdits subjets de quelque qualité & condition qu'ils soient, qui se sont cy-deuant separez de nous, & qui dans vn mois apres la publication de ces presentes faite aux villes de nostre obeïssance, selon le ressort dont ils seront, se voudront retirer du party qu'ils ont cy-deuant tenu contre nous, & renoncer à toutes ligues & associations, tant dedans que dehors ce Royaume, pour se reduire à nostre seruice, & nous rendre la fidelité qu'ils nous doiuent, ils y seront reçeus, remis & restablis au nombre de nos bons subjets, auec abolition de toutes choses faites durant & à l'occasion des presens troubles, fors & excepté de l'attentat & felonnie commis en la personne du feu Roy nostre tres-honoré

Cc

sieur & frere (que Dieu absolue) & entreprise contre nostre personne : & en ce faisant seront restituez, comme dés à present, au cas susdit, nous les restituons en leurs biens, Offices, benefices & dignitez, & leur en faisons pleine & entiere main-leuée : & ce nonobstant tous dons, Iugemens, Sentences, Arrests & Declarations à ce contraires : reprenans en nos bonnes graces tous nosdits subjets qui obeïront dans le susdit temps dudit mois à nostre commandement, & mesmement les Villes, Corps & Communautez de cedit nostre Royaume, que nous reintegrons & restituons en tous les priuileges, droicts, octroys, immunitez & concessions à elles accordées par les feuz Roys nos predecesseurs, ainsi qu'elles en ont bien & deuëment joüy auparauant les presens troubles, à la charge de nous faire dans ledit temps d'vn mois, le serment de fidelité & obeïssance pour ce necessaire : A sçauoir lesdits Princes, Prelats & Seigneurs, en nos mains, ou par Procureurs fondez de bonnes & suffisantes procurations, si des lieux où ils feront ils peuuent estre à nous dans huict iours: sinon, en cas de trop longue distance ou empeschement, feront ledit serment & declaration és mains du Gouuerneur ou Lieutenant General de la Prouince, qui sera neantmoins enregistré és Greffes de nos Bailliages & Seneschauffées : & dés ledit iour qu'ils l'auront fait, seront tenus & traittez comme nos seruiteurs & bons subjets : à la charge toutesfois de faire encore ledit serment en nos mains, ainsi que dit est : Et pour les autres, és Greffes de nosdits Bailliages & Seneschauffées où lesdits sermens seront enregistrez. Et seront nosdits Baillifs & Seneschaux tenus d'en aduertir incontinent les Gouuerneurs & Lieutenans Generaux de nos Prouinces, qui auront aussi soin de le nous faire entendre, sans que ceux qui n'vseront du benefice des presentes dans ledit temps, soient plus reçeus à s'en ayder iceluy passé. Mandons & enjoignons à nosdites Cours de Parlement, Baillifs, Seneschaux & autres nos

Officiers à qui il appartiendra, que contre ceux qui par leur contumace & opiniastreté se rendront indignes de nostre presente grace, ils ayent à proceder comme il est ordonné estre fait contre criminels de leze-Majesté au premier chef. Voulons & ordonnons aussi que toutes les villes qui seront reprises par force, soient en perpetuelle memoire de leur desloyauté, desmantelees, & les desobeïssans traittez comme perfides à leur Roy, & deserteurs de leur patrie.

Si donnons en mandement à nos amez & feaux les Gens tenans nos Cours de Parlement, que cette nostre Declaration ils fassent lire, publier & enregistrer, entretenir, garder & obseruer, sans y contreuenir, ny souffrir estre contreuenu en aucune maniere : Et à nos Baillifs & Seneschaux, ou leurs Lieutenans, faire le semblable en leurs Sieges & ressorts. Mandons pareillement ausdits Gouuerneurs & Lieutenans Generaux de nos Prouinces, la faire aussi garder & entretenir en ce qui peut dependre de leurs

Charges pour l'execution d'icelle : Car tel eſt noſtre plaiſir. Donné à Paris le quatrieſme iour d'Auril, l'an de grace mil cinq cens quatre-vingts quatorze,& de noſtre regne le cinquieſme. Signé, HENRY, & ſur le reply, Par le Roy, Ruze'. Et ſeellé ſur double queuë du grand ſeel en cire jaune.

Leuës, publiees & regiſtrees, oüy & ce requerant le Procureur General du Roy, ordonne la Cour qu'elles ſeront publiees à ſon de trompe & cry public, par les carrefours de cette ville de Paris, & lieux accouſtumez, & enuoyees par les Bailliages, Seneſchauſſees & Sieges de ce reſſort, pour y eſtre pareillement publiees & regiſtrees à la diligence des Subſtituds dudit Procureur General, auſquels elle enjoint d'y tenir la main, & en certifier la Cour. Fait à Paris en Parlement le ſixieſme iour du mois d'Auril, l'an mil cinq cens quatre-vingts quatorze. Signé, DE VILLOVTREYS.

Du 5. Auril 1594.

sic. Ce iour sur la requeste presentée à la Cour par Maistre Claude le Prestre Conseiller en icelle, à ce que pour oster tout empeschement à l'aduenir, sa reception audit Estat de Conseiller du 22. Mars 1580. fust confirmée, & luy conservé en l'exercice de sondit Estat selon le rang & seance de sadite reception, & d'abondant en tant que besoin seroit le receuoir audit Estat, pour en jouïr du iour de sadite reception. Conclusions du Procureur General du Roy, & la matiere mise en deliberation, *La Cour a ordonné & ordonne*, que ledit le Prestre continuera l'exercice de sondit Estat de Conseiller en icelle, selon & du iour de sa reception en iceluy.

Dudit iour.

sic. Ce iour, apres auoir veu par la Cour, toutes les Chambres assemblées, l'information faite d'office, de l'ordonnance & par l'vn des Conseillers d'icelle, sur la vie, mœurs, & Religion Catholique de Messire Charles de Cossé, Comte de Brissac, auquel le Roy par ses Lettres Patentes du dernier Mars dernier passé, auroit permis qu'il puisse & luy soit loisible entrer en ladite Cour, & y auoir seance & voix deliberatiue, selon l'ordre & degré de ses qualitez & Charges qu'il a à present. Conclusions du Procureur General du Roy, & la matiere mise en deliberation, *Ladite Cour a ordonné & ordonne*, que ledit sieur Comte de Brissac sera receu à faire le serment de Conseiller, & ayant seance & voix deliberatiue en icelle, pour les causes & considerations contenuës esdites Lettres, & sans tirer à consequence, & lequel à l'instant mandé, & enquis par serment si pour paruenir audit Estat il a donné, fait donner, ou esperance de donner par luy ou par autre, or, argent, ou autre chose equipollent, & qu'il a dit que non, a fait & presté le serment audit Estat appartenant, & y a esté reçeu, a fait profession de la Religion Catholique, Apostolique & Romaine, & l'a jurée.

Sic. Ce jour apres auoir veu par la Cour l'information faite d'office, de l'ordonnance & par l'vn des Conseillers d'icelle, à la requeste du Procureur General du Roy, sur la vie, mœurs & Religion Catholique de Messire Charles de Cossé Comte de Brissac, pourueu par le Roy d'vn Estat & Charge de Mareschal de France, par ledit Seigneur creé & erigé. Conclusions du Procureur General du Roy, & la matiere mise en deliberation, *Ladite Cour a arresté & ordonné*, que ledit sieur Comte de Brissac sera reçeu audit Estat & Charge, en faisant judiciairement le serment pour ce requis & accoustumé.

Ext. Et par autre Arrest en suite, la Cour ordonna que les Lettres seront leuës, publiées & registrées, pour jouir par ledit sieur de Brissac du contenu en icelles.

Re-

Reception de Maiſtre Guillaume du *Ext.*
Vair Conſeiller en la Cour, en la Charge
de Maiſtre des Requeſtes, l'vn des deux
nouuellement creez, ſans tirer à conſe-
quence, & à la charge de ſuppreſſion.

Ordonné que Maiſtre Guillaume Lot- *Ext.*
tin Conſeiller & Commiſſaire aux Requeſtes du Palais continuera l'exercice
de ſa Charge, en faiſant le ſerment conforme à celuy du vingt-huict Mars, ce
qu'il a fait.

Semblable Arreſt pour Iacques Payot, *Ext.*
Huiſſier en la Cour de ceans, & Iean Rochon Huiſſier en la deuxieſme Chambre
des Enqueſtes.

Requeſte de M^{rs} les Maiſtres des Reque- *Ext.*
ſtes, portant oppoſition à la verification
de l'Edict de creation des deux nouueaux
Eſtats de Maiſtre des Requeſtes, & ledit
iour la Cour ordonne que ſans s'arreſter à
ladite oppoſition, leſdites Lettres ſeront
regiſtrées, à la charge de ſuppreſſion.

Dd

Du Mercredy 6. Auril 1594.

Sic.

Ce iour la Cour a commis & commet Maistre Guillaume du Vair, Conseiller du Roy & Maistre des Requestes ordinaire de son Hostel, & Philbert le Masuier Conseiller du Roy en icelle, pour supprimer ce qui se trouuera estre à supprimer és registres & liaces de ce qui s'est fait & passé en la Cour pendant ces troubles contre la memoire du deffunct Roy, & l'honneur, obeïssance & fidelité deuë au Roy à present regnant.

Du 18. Auril 1594.

Sic.

Ce iour la Cour assemblée, apres que le tableau contenant les noms des Presidens & Conseillers d'icelle, fait auparauant les presens troubles, interdiction du Parlement, & translation d'iceluy en la ville de Tours, a esté apporté, & que selon l'ordre d'iceluy la Grand'Chambre a esté restablie, les Gens du Roy mandez,

du Parlement. 229

enquis s'ils ont oüy parler d'aucunes oppositions, lesquelles ont esté formées, entre autres à la creatió en tiltre d'Office de quelques Estats de Maistres des Requestes ou de quelques autres differends meus entre les Officiers de ladite Cour, mesme touchant les personnes d'aucuns des Conseillers d'icelle. Seguier pour le Procureur General a dit, qu'ils n'ont oüy parler de l'opposition des Maistres des Requestes, bien leur a esté communiqué vne requeste presentée par la Communauté des Huissiers, sur laquelle a esté ordonné qu'elle leur seroit monstrée, & communiquée aux parties.

Du 21. Auril 1594.

Ce iour les Grand'Chambre & Tournelle assemblées, sur ce que aucuns Conseillers d'icelle, ayant pendant ces troubles, lors que le Parlement estoit interdict en cette Ville de Paris, obtenu des prouisions de leurs Estats d'autres que du Roy, & sur icelles esté receus durant la-

Dd ij

dite interdiction, lesquels par la Declaration dudit Seigneur sur la reduction de cette ville en son obeïssance, apres que leurs pretenduës prouisions auroient esté declarées nulles, sont neantmoins conseruez en leurs Estats, en prenant Lettres de prouision du Roy, ce que aucuns d'eux ont fait, & sur icelles fait serment de fidelité au Roy, sans autre reception ne nouuel examen, & à cette occasion pretendoient auoir seance du iour de leur reception, ce qui estoit empesché par autres desdits Conseillers receus en leurs Estats sur prouisions du Roy en la ville de Tours, pendant la translation de ladite Cour en ladite ville: Veu ladite Declaration, & oüy sur ce le Procureur General du Roy, la matiere mise en deliberation, *Ladite Cour a arresté*, que lesdits Conseillers conseruez en leurs Estats par Lettres de prouision du Roy suiuant ladite Declaration, n'auront seance que du iour des sermens qu'ils ont faits ou feront cy-apres sur Lettres de prouision du Roy.

Acte public, en forme de procez verbal, de la part de Monsieur le Recteur de l'Vniuersité de Paris, & de Messieurs les Doyen & Docteurs de la tres-sacrée Faculté de Theologie, des Doyen & Docteurs en la Faculté de Decret, & des Doyen & Docteurs de la tres-salubre Faculté de Medecine, des quatre Procureurs de toutes les Nations, Lecteurs publics du Roy, Doyens des Prouinces, Censeurs, Principaux des Colleges, Maistres és Arts, & generalement par tous Religieux, Mendians, & autres Ordres, reguliers, seculiers, Officiers & Supposts de ladite Vniuersité : Touchant l'obeïssance par eux renduë, iurée & soubs-signée, & que tous cy-apres doiuent garder au Tres-Chrestien & Tres-Clement Roy de France & de Nauarre Henry IV. nostre vray & vnique Prince & Seigneur naturel & heritier du Royaume. Du 22. Auril 1594.

A Tous ceux qui ces presentes Lettres verront, Le Recteur & Vni‑ sic.

uersité de Paris, & les Facultez de Theologie, de Decret, de Medecine & des Arts, desirent salut en celuy qui est le vray Sauueur du monde. Soit notoire à tous, par la teneur de cét Acte & Instrument public, que nous sommes venus & comparus au iour cy-dessous datté, en la grande Salle des Theologiens du College Royal de Champagne, dit de Nauarre: A sçauoir nous Iacques d'Amboise Recteur sus-nommé, auec Messieurs les Deputez Conseillers du Roy en son Conseil priué, Messire François d'O, Cheualier des deux Ordres du Roy, Gouuerneur & Lieutenant General pour sa Majesté en cette Ville de Paris & Isle de France, Messire Renaut de Beaune Patriarche Archeuesque de Bourges, Primat de Guyenne, designé Archeuesque de Sens, & Grand Aumosnier de France, Messire Iean Seguier Lieutenant General Ciuil en la Preuosté & Siege Presidial de Paris, & Lieutenant Conseruateur des priuileges Royaux d'icelle Vniuersité. Et là se sont trouuez apres deuë conuo-

du Parlement. 233

cation M. le Doyen de venerable vieillesse, & Messieurs les Docteurs Regens de la tres-sacrée Faculté de Theologie, tant seculiers que reguliers, iusques à cinquante-quatre, nombre qui s'est pû trouuer lors en cette ville, auec leurs Licenciers & Bacheliers : lesquels mesmes Docteurs le Samedy second iour de ce present mois, allerent volontairement en la Chappelle de Bourbon, où se jettans aux pieds de sa Majesté, luy ont de leur bon gré, rendu actuelle & expresse obeïssance. Entre lesquels Docteurs s'est representé specialement M. le grand Maistre dudit College de Nauarre, l'ancien du College de Sorbonne, le Syndicq de ladite Faculté, les Prieurs, Gardiens, Lecteurs des quatre Mendians & Chefs des autres Communautez, à ce congregez, & les Curez des Parroisses de ladite ville. Sont aussi comparus Messieurs les Doyen & Docteurs du Droict Canon, Messieurs les Doyen & Docteurs de la Faculté de Medecine, Messieurs les Procureurs des quatre Nations, accompa-

gnez de leurs Doyens, Censeurs, Professeurs publics du Roy, Principaux des Colleges, Maistres és Arts, Pedagogues, & grand nombre d'Escoliers & de Religieux, Prestres de tous Ordres & Conuents, comme Cordeliers, Augustins, Carmes, Iacobins, de Cluny, S. Germain des Prez, de l'Ordre de S. Benoist, de Cisteaux, de Premonstré, Chanoines Reguliers de S. Augustin residans à Saincte Geneuiefue, & Sainct Victor, & Saincte Catherine du Val des Escoliers, & Sainct Guillaume des Blancs-manteaux, des Seruiteurs de la Vierge Marie, dits Billettes, des Religieux de Saincte Croix, des Mathurins, de Sainct Martin des Champs, & de tous autres Supposts & Officiers d'icelle Vniuersité. Et là ayans prealablement inuoqué la grace du S. Esprit, & intercession de la Vierge Mere de Dieu, & de tous les benoists Saincts, Nous auons proposé & bien consideré le texte & precepte du Prince des Apostres, en sa premiere Epistre, chapitre second, où il commande craindre
Dieu,

Dieu, honorer le Roy, & nous rendre subjets, pour l'honneur que deuons à Dieu, à toute creature humaine, soit au Roy comme souuerain, soit aux Gouuerneurs & Magistrats, comme enuoyez de luy pour la vengeance des mal-faicteurs, & loüange des bons. Et sur quelques doutes qu'en ces guerres ciuiles nous auons veu s'esmouuoir touchant l'obeïssance qu'il faut rendre au Tres-Chrestien Henry IV. par la grace de Dieu Roy de France & de Nauarre nostre Sire, vray & legitime successeur de ce Royaume. Comme aussi soit que quelques-vns mal instruits & preuenus de sinistres opinions, se feroient malicieusement efforcez de jetter & semer plusieurs scrupules és esprits des hommes, pretendans iceux, que jaçoit que le susdit Roy nostre Sire ait embrassé fermement & de bon cœur tous les poincts que nostre Mere Saincte Eglise Catholique, Apostolique & Romaine croit & tient : Toutesfois nostre Sainct Pere le Pape ne l'ayant iusques à present admis publiquement, &

E e

recogneu Fils Aifné de l'Eglife, il pouuoit fembler douteux à telles gens, s'il faut cependant luy prefter obeïffance, comme à fon Prince abfolu, Seigneur tres-clement & vnique heritier du Royaume. Surquoy apres auoir meurement tenu confeil, & rendu humbles graces à Dieu & à toute la Cour celefte, pour vne fi manifefte conuerfion du Roy, & fon zele fi ardant vers noftre Mere Saincte Eglife, dont nous fommes vrays tefmoins & oculaires, & pour vne fi pacifique reduction de cette ville capitale de la France, nous fommes tous de chaques Facultez & Ordres vnanimement, & fans aucun contredit, tombez en cét aduis & decret : Que ledit Seigneur Roy Henry eft legitime,& vray Roy Tres-Chreftien, Seigneur naturel, & heritier des Royaumes de France & de Nauarre, felon les Loix fondamentalles d'iceux, & que par tous fes fubjets naturels & habitans du pays, & ceux qui demeurent dans les bornes defdits Royaumes & dependances, luy doit eftre renduë entiere obeïfsance d'vne franche & liberale volonté & tout ainsi qu'il est commandé de Dieu. Nonobstant que certains ennemis factieux, & du party d'Espagne, se soient efforcez iusques à huy qu'il n'ait esté admis du S. Siege, & recogneu Fils Aisné & bien merité de nostre Mere Saincte Eglise Catholique. En quoy il n'a tenu ny ne tient audit sieur Roy, qui s'en est mis en tout debuoir, comme il est notoire à tout le monde de notorieté de faict, permanent : Et puis que comme dit Saint Paul 13. aux Romains, Nulle puissance ne vient d'ailleurs que de Dieu, il s'ensuit que tous ceux qui resistent à la puissance de sa Majesté repugnent à l'ordonnance de Dieu, & s'acquierent damnation. Partant afin de plus grand tesmoignage des choses susdites, & qu'à nostre exemple chacun puisse esprouuer les esprits qui viennent de Dieu, Nous Recteur, Doyens, Theologiens, Decretistes, Medecins, Artiens, M. seculiers, reguliers, Conuentuels, & generalement tous Escoliers, Officiers, & autres susdits franchement & par inspiration de la grace diuine, Auons fait & juré de cœur & de bouche, faisons & jurons serment d'obeïssance & fidelité au Roy Tres-Chrestien Henry IV. auec toute soubmission, reuerence & hommage, iusques à ne point espargner nostre propre sang, à la conseruation de cette Couronne & Estat de France, & tranquillité de cette florissante Ville de Paris: & le recognoistre nostre Seigneur & Prince temporel, Souuerain heritier legitime & vnique: luy auons promis & promettons à iamais fideles seruices, arrestans entre nous, que nous & tous bons Chrestiens deuons employer nos assiduës oraisons & prieres, actions de graces publiques & particulieres, pour la santé & prosperité du Roy nostredit Seigneur, les Princes de son sang Royal, son bon Conseil, les Seigneurs & Magistrats constituez sous son authorité. Par ce moyen auons renoncé & renonçons à toutes ligues, associations & pretenduës vnions, tant dedans que dehors le Royaume, & auons confirmé

& confirmons tout ce que deſſus, mettans l'vn apres l'autre la main ſur les ſainctes Euangiles, & adjouſtant chacun de nous ſa ſignature manuelle, & les Seaux de ladite Vniuerſité. Que s'il ſe trouue quelques-vns contraires & refractaires, nous les retranchons de noſtre Corps, comme abortifs, les auons priuez & priuons de nos priuileges, & les deteſtons comme rebelles, criminels de leze-Majeſté, ennemis publics & perturbateurs. Donnons conſeil & aduis, en tant qu'à nous eſt, à tous vrais François & ſinceres Catholiques, de faire le ſemblable comme nous. A ces cauſes, Nous Recteur, & Doyens ſuſdits, auons dreſſé ce preſent procez verbal, Acte, Decret ou Declaration, pour memoire perpetuelle, le ſalut des Ames, & repos des conſciences, & en auons gardé pardeuant nous la minute originale ſignée manuellement de tous, & donné au public ce Decret en forme d'Inſtrument authentique, ſigné de nos ſeings & de noſtre Greffier, auec les grands Seaux de l'Vniuerſité. Ce fut fait & donné en noſtre Congregation generale pour ce tenuë au Royal College de Nauarre, l'an mil cinq cens quatrevingts quatorze, le Vendredy vingt-deuxieſme iour d'Auril, l'an troiſieſme du Pontificat de noſtre Sainct Pere le Pape Clement VIII. & cinquieſme du regne de Henry IV. Roy de France & de Nauarre.

  Ainſi ſigné, Iacques d'Amboiſe, Recteur.

D. Camus, Doyen de la Faculté de Theologie.

Ia. le Feure, Sous-Doyen, Curé de S. Paul.

Adrian d'Amboiſe, Predicateur du Roy, Grand Maiſtre du College de Nauarre.

I. Pillaguet, Doyen de Decret.

H. Blacuod, Doyen de Medecine.

Quatre Procureurs des quatre Nations.

Nicolas Vigner, Procureur Fiſcal.

Guillaume du Val, Greffier de l'Vniuerſité.

NOus Iacques d'Amboise, Recteur de l'Vniuersité de Paris, Doyen & Docteurs de la sacrée Faculté de Theologie, Doyen & Docteurs de la Faculté de Decret, Doyen & Docteurs de la salubre Faculté de Medecine, Procureurs des quatre Nations, Doyens des Prouinces, Censeurs d'icelles, Professeurs publics du Roy, Principaux des Colleges, Regens, Pedagogues, Maistres és Arts, Prieurs, Prouiseurs, Religieux de Sainct Benoist, de Cisteaux, Sainct Augustin, Blancs-manteaux, Val de Saincte Catherine, Saincte Geneuiefue & Sainct Victor, quatre Mendians, & autres tant reguliers que seculiers, Supposts, Officiers & Escoliers d'icelle, & autres soubs-signez, jurons & attestons deuant Dieu, & sur les sainctes Euangiles, que nous recognoissons de cœur & d'affection pour nostre Roy & Prince naturel & legitime Henry IV. Roy de France & de Nauarre, à present regnant. Promettons à sa Majesté, sur nos vies & honneurs, de luy gar-

der la foy & loyauté, auec toute reuerence & parfaite obeïssance, & pour la conseruation de son Estat & Couronne, & mesme de cette ville de Paris, sous son authorité & commandement, exposer nos vies & biens, pour son seruice & manutention de son Estat. Promettons en outre de n'auoir iamais communication, pratiques & intelligences auec ceux qui se sont esleuez en armes contre sa Majesté, & tous autres qui se pourroient esleuer cy-apres, que nous declarons ennemis de l'Estat & les nostres particuliers, renonçans à toutes ligues, sermens & associations que nous pourrions auoir cy-deuant faites à l'occasion de la malice du temps, contre & au prejudice de la presente Declaration, recognoissans en toute humilité auoir reçeu à grace speciale, la bonté & clemence dont il a pleu à sadite Majesté d'vser enuers nous, dont nous luy rendons graces tres-humbles, suppliant le Createur de toutes nos affections, de nous le conseruer longuement & heureusement, & luy donner victoire
sur

du Parlement. 243

sur ses ennemis. Pour tesmoignage dequoy, nous sommes particulierement soubs-signez. Fait en l'assemblée generale de l'Vniuersité de Paris, au College de Nauarre, le Vendredy vingt-deuxiesme iour d'Auril 1594.

Ainsi signé, Iacques d'Amboise, Recteur de l'Vniuersité.

Docteurs en Theologie.

M. Denys Camus Doyen de ladite Faculté.

M. Iac. le Feure, Sous-Doyen, Curé de Sainct Paul.

Messire René Benoist, Curé de S. Eustache, Lecteur, Predicateur, & Confesseur du Roy, & Euesque de Troyes.

Adrian d'Amboise, Predicateur & Aumosnier du Roy, Grand Maistre du College de Nauarre.

F. Abely, Abbé d'Yury, Predicateur & Aumosnier du Roy.

F. Huon, Abbé du Val, Prouiseur des Bernardins.

M. Colombel.
F. Ferré, Predicateur.
I. Poyteuin de Sor.
F. du Bourg.
M. Lyot.
M. Sabot, de Lizieux.
M. Laffilé, Grand Maiftre du College du Cardinal.
M. Colas, Curé de S. Opportune.
M. Ia. Langes de Sorbonne.
M. Michel Aubourg, Syndicq de la Faculté.
M. Louys Godebert, Chanoine Penitencier & Vicaire General de Monfeigneur de Paris.
M. Blaife Martin, Theol. de Langres.
F. Heffelin Grand Commandeur de S. Denys.
M. Quentin Genehault, Curé de Sainct Sauueur.
M. Dreux Conteffe, Treforier de Sainct Iacques.
M. P. Beaulieu, Curé de Corbeil.
M. P. Perrote, Curé de Melun.
M. Claude l'Alemant, Curé de Sainct

du Parlement. 245

Pierre des Arſis.
M. Ia. Iulien, Curé de S. Leu S. Gilles.
F. Beranger Iacobin, Abbé de Sainct Auguſtin.
E. Iean Neyron, Prieur de Sainct Martin des Champs.
M. Iean Guinceſtre, Curé de Sainct Geruais.
M. R. Baleſdens, Archipreſtre, Curé de Sainct Seuerin.
M. Iean Benoiſt, Archidiacre de Limoges.
F. Sim. Fillieul, Prieur des Carmes.
F. N. Maleteſte, Auguſtin.
Et pluſieurs autres de ladite Faculté de Theologie, tant Docteurs que Licentiers & Bacheliers ont ſigné.

Docteurs en Decrets.

M. Pillaguet, Doyen.
M. Dauidſon.
M. Martin.
M. le Clerc.

Ff ij

Docteurs en Medecine.

M. Girard Denisot, Doyen.
Louys Robineau.
Iean Liebault.
Claude Rousselet.
Guill. de Baillou.
N. Milot.
M. Pierre Laffilé.
Guill. Cochin.
Louys Thibault.
M. Marescot.
H. Blacuod Doyen.
N. Elain.
B. Perdulcis.
Iean Rochon.
Ph. Ladenot.
H. de Monantueil.
Albert le Feure.
I. le Moyne.

Et plusieurs autres Docteurs Medecins.

du Parlement.

Professeurs du Roy.

M. Iean Pellerin, Doyen.
Iean Passerat.
N. Goulu.
Federic Morel.
M. Vignal, & autres.

Bigot & Croizier, Doyen de Prouince, plusieurs Principaux des Colleges, Maistres és Arts, Pedagogues, Officiers, Religieux & Escoliers, & autres de toutes qualitez & Ordres de Religieux, ont signé.

Du 23. Auril 1594.

Ordonné que Messire Claude de la Chastre sera reçeu à prester le serment de Mareschal de France, que souloit tenir le sieur de Montmorency.

Du 26. Auril 1594.

Ce iour la Cour, apres auoir deliberé

sur ce que le Procureur General du Roy a dit, que aux Chambres des Enqueſtes d'icelle il s'eſt preſenté vne difficulté de laquelle il deſiroit eſtre reſolu, qui eſt qu'aucuns procez en eſtat de iuger ſont à preſent pourſuiuis par aucuns Procureurs, encores que leurs parties, tant l'vne que l'autre, ſoient demeurans en villes rebelles & occupées par les ennemis, & doutent s'ils doiuent proceder au jugement, *A arreſté* que les procez pendans en icelle Cour, entre parties de la qualité ſuſdite, ſeront tenus en ſurceance iuſques à ce qu'autrement en ait eſté ordonné.

Du 28. Auril 1594.

Ext. Sur propoſition de quelques Conſeillers, qui ont dit que aucuns ſoy-diſans Marchands de cette Ville preſentoient vne requeſte, afin d'auoir délay de payer leurs debtes, le Procureur General a apporté ladite requeſte, eſcrite par vn Notaire, qui en a eſté blaſmé, ont eſté commis des Conseillers pour informer, & enjoint au Lieutenant Ciuil mander les Nottaires, & leur deffendre receuoir procurations en turbes, & dresser pareilles requestes, qui sont comme monopoles.

Dudit iour.

Sur remonstrance du Procureur General du Roy des plaintes faites chacun iour en cette Ville de Paris par les habitans d'icelle, pour le recouurement de leurs meubles vendus depuis le 24. Decembre 1588. iusques au 22. Mars dernier que ladite Ville fut reduite en l'obeïssance du Roy: La matiere mise en deliberation, & tout consideré, *Ladite Cour a ordonné & ordonne* que les meubles estans en nature, vendus par ordonnance de ceux qui ont tenu la Iustice ou Police en ladite Ville de Paris depuis ledit iour 24. Decembre 1588. iusques au 22. Mars dernier, appartenans à ceux qui s'en seroient retirez pour n'estre du party lors tenu en icelle, pourront estre vendiquez en ren-

Ext.

dant par eux le prix mentionné par les procez verbaux de ladite vente, & à cette fin les Commissaires, Huissiers, Sergens, & autres gens qui ont procedé à la vente desdits meubles, mettront au Greffe de la Preuosté & Vicomté de Paris dans quinzaine apres la publication du present Arrest pour toutes prefixions & délais les procez verbaux par eux faits de la vente desdits meubles, contenant les noms & surnoms de ceux ausquels lesdits meubles auroient esté vendus & deliurez, ensemble le prix de l'adjudication d'iceux, auec les saisies, actes & procedures faites pour raison de ladite vente, dans lequel temps les achepteurs desdits meubles declareront audit Greffe de la Preuosté & Vicomté de Paris les meubles par eux acheptez, & pour quel prix, autrement, à faute de ce faire dans ledit temps, & iceluy passé, pourront ceux ausquels appartiennent lesdits meubles iceux vendiquer, sans payer aucun prix: Et où lesdits meubles ne seront en leur possession, declarent particulierement
audit

audit Greffe les noms & surnoms de ceux ausquels ils les ont rendus, lesquels seront contraints rendre & restituer lesdits meubles, en rendant le prix porté par lesdits procez verbaux, sauf leur recours contre leurs vendeurs, ou autrement à se pouruoir ainsi qu'ils verront estre à faire par raison. Et à ce que nul n'en pretende cause d'ignorance, sera le present Arrest leu & publié au Siege de la Preuosté & Vicomté de Paris, & par les carrefours de cette Ville de Paris.

Du 9. May 1594.

Ce iour ont esté presentées à la Cour les lettres missiues escrites à Chaalons par Messieurs les Presidens Pottier & de Thou, à ce qu'il plaise à ladite Cour interceder vers le Roy pour ceux de la Compagnie, qui ont tenu & tiennent encores la Chambre de Iustice establie audit Chaalons, afin d'escorte pour s'en retourner seurement, lecture faite d'icelles, Maistre Amelot Conseiller

Sic.

du Roy en ladite Cour, & President és Enqueſtes d'icelle, auec Maiſtre auſſi Conſeiller en ladite Cour, deputez vers le Roy, de ladite Chambre, ont dit qu'ils ont vn extreme regret de ne s'eſtre pû rendre en ce lieu, & ſupplient leur ayder & interceder pour eux.

Sic. Ce iour Maiſtre Lhuillier Preſident en la Chambre des Comptes, & Preuoſt des Marchands de cette Ville de Paris, s'eſtant preſenté auec deux des Eſcheuins d'icelle, a dit, qu'ayans eſté aduertis que l'on fait grande inſtance enuers le Roy pour mettre deux Parlemens en autre lieu qu'en cette Ville de Paris, ils ont ſupplié la Cour conſeruer ſon authorité, & tenir la main à ce que pour ce regard il ne ſe faſſe choſe ſi prejudiciable.

Du Samedy 14. May 1594.

Sic. Veu par la Cour l'information faite de l'Ordonnance d'icelle, à la requeſte du

du Parlement.

Procureur General du Roy, pour raison du parricide & assassinat commis à la personne du feu Roy Henry III. dernier decedé : Conclusions du Procureur General, & tout consideré, Ladite Cour a ordonné & ordonne, que le nommé la Chappelle, cy-deuant Preuost des Marchands en cette ville de Paris, sera pris au corps & amené prisonnier en la Conciergerie du Palais, pour estre oüy & interrogé sur le contenu en ladite information, & à faute de pouuoir estre apprehendé au corps & amené prisonnier sera adjourné à trois briefs iours, ses biens saisis & annottez.

Articles accordez par le Roy pour la Tréve generale. Du dernier de Iuillet 1593.

PREMIEREMENT.

QV'il y aura bonne & loyale Tréue & cessation d'armes generale par tout le Royaume, pays, terres & Seigneuries d'iceluy, & de la protection de la Couronne de France, pour le temps & espace de trois mois, à commencer, à sçauoir, au gouuernement de l'Isle de France, le iour de la publication qui s'en fera à Paris & à S. Denys en mesme iour, & dés le lendemain que les presens articles seront arrestez & signez, és Gouuernemens de Champagne, Picardie, Normandie, Chartres, Orleans, Berry, Touraine, Anjou, & le Maine, huict iours apres la datte d'iceux. Es Gouuernemens de Bretagne, Poictou, Angoulmois, Xainctonge, Limosin, haute & basse Marche, Bourbonnois, Auuergne, Lyonnois & Bourgongne, quinze iours apres. Es Gouuernemens de Guyenne, Languedoc, Prouence & Dauphiné, vingt iours apres la conclusion dudit present traicté, & neantmoins finira par tout à semblable iour.

2. Toutes personnes Ecclesiastiques, Noblesse, habitans des Villes, du plat pays, & autres, pourront durant la pre-

sente Treue recueillir leurs fruicts & reuenus, & en jouïr en quelque part qu'ils soient scituez & assis : & rentreront en leurs maisons & chasteaux des champs, que ceux qui les occupent seront tenus leur rendre, & laisser libres de tous empeschemens : A la charge toutesfois qu'ils n'y pourront faire aucune fortification durant ladite Treue. Et sont aussi exceptez les maisons & chasteaux où y a garnisons employees en l'estat de la guerre, lesquelles ne seront renduës, neantmoins les proprietaires joüiront des fruicts & reuenus qui en dependent: le tout nonobstant les dons & saisies qui en auroient esté faits, lesquels ne pourront empescher l'effect du present accord.

3. Sera loisible à toutes personnes de quelque qualité & condition qu'elles soient, de demeurer librement en leurs maisons qu'ils tiennent à present auec leurs familles, excepté és villes & places fortes qui sont gardees : esquelles ceux qui en sont absens, à l'occasion des presens troubles, ne seront reçeus pour y

Gg iij

demeurer, sans permission du Gouuerneur.

4. Les laboureurs pourront en toute liberté faire leurs labourages, charrois & œuures accoustumez, sans qu'ils y puissent estre empeschez, ny molestez en quelque façon que ce soit, sur peine de la vie, à ceux qui feront le contraire.

5. Le port & voiture de toutes sortes de viures, & le cômerce & trafic de toutes marchandises, fors & excepté les armes & munitions de guerre, sera libre tant par eauë que par terre, és villes de l'vn party & de l'autre, en payant les peages & impositions, comme ils se leuent à present és bureaux qui pour ce sont establis, & suiuant les panchartes & tableaux sur ce cy-deuant arrestez: excepté, pour le regard de la ville de Paris, qu'ils seront payez suiuant le traicté particulier sur ce faict. Le tout sur peine de confiscation, en cas de fraude, & sans que ceux qui les y trouueront puissent estre empeschez de prendre & ramener les marchandises & cheuaux qui les conduiront, au bureau

où ils auront failly d'acquitter. Et où il seroit vsé de force & violence contr'eux, leur sera fait Iustice, tant de la confiscation que de l'excez, par ceux qui auront commandement sur les personnes qui l'auront commis. Et neantmoins ne pourront estre arrestez lesdites marchandises, cheuaux & viures, ny ceux qui les porteront, au dedans de la ban-lieuë de Paris, encores qu'ils n'ayent acquitté lesdites impositions, mais sur la plainte & poursuite en sera fait droict à qui il appartiendra.

6. Ne pourront estre augmentées lesdites impositions ou autres nouuelles mises sus durant ladite Treve, ne pareillement dressez autres bureaux que ceux qui sont desia establis.

7. Chacun pourra librement voyager par tout le Royaume sans estre abstraint de prendre passe-port : Et neantmoins nul ne pourra entrer és villes & places fortes de party contraire, auec autres armes, les gens de pied que l'espée, & les gens de cheual l'espée, la pistole, ou

harquebuze, ny sans enuoyer auparauant aduertir ceux qui y ont commandement, lesquels seront tenus bailler la permission d'entrer, si ce n'est que la qualité & nombre des personnes portast juste jalousie de la seureté des places où ils commandent, ce qui est remis à leur jugement & discretion. Et si aucuns du party contraire estoient entrez en aucunes desdites places, sans estre declarez tels, & auoir ladite permission, ils seront de bonne prise. Et pour obuier à toutes disputes, qui pourroient sur ce interuenir, ceux qui commandent esdites places, accordans ladite permission, seront tenus la bailler par escrit sans fraiz.

8. Les deniers des Tailles & Taillon seront leuez, comme ils ont esté cy-deuant, & suiuant les departemens faits, & Commissions enuoyées d'vne part & d'autre au commencement de l'année, fors pour le regard des places prises depuis l'enuoy des Commissions, dont les Gouuerneurs & Officiers des lieux demeureront d'accord par traitté particulier:

du Parlement.

Et sans prejudice aussi des autres accords & traittez particuliers desia faits pour la perception & leuée desdites tailles & taillon, lesquels seront entretenus & gardez.

9. Ne pourront toutesfois estre leuez par anticipation des quartiers, mais seulement le quartier courant, & par les Officiers des Eslections: lesquels en cas de resistance, auront recours au Gouuerneur de la plus prochaine ville de leur party, pour estre assistez de forces. Et ne pourra neantmoins à cette occasion estre exigé pour les frais qu'à raison d'vn sol pour liure, des sommes pour lesquelles les contraintes seront faites.

10. Quant aux arrerages des tailles & taillon, n'en pourra estre leué de part ny d'autre, outre ledit quartier courant, & durant iceluy, si ce n'est vn autre quartier sur tout ce qui en est deub du passé.

11. Ceux qui se trouuent à present prisonniers de guerre, & qui n'ont composé de leur rançon, seront deliurez dans quinze iours apres la publication de la

dite Treue: sçauoir les simples soldats sans rançon, les autres gens de guerre tirans solde d'vn party ou d'autre moyennant vn quartier de leur solde, excepté les Chefs des gens de cheual: lesquels ensemble les autres sieurs & Gentils-hommes qui n'ont charge en seront quittes au plus pour demie annee de leur reuenu : & toutes autres personnes seront traittees au faict de ladite rançon, le plus gracieusement qu'il sera possible, eu esgard à leurs facultez & vacations: & s'il y a des femmes ou filles prisonnieres, seront incontinent mises en liberté, sans payer rançon : ensemble les enfans au dessous de seize ans, & les sexagenaires ne faisans la guerre.

12. Qu'il ne sera durant le temps de la presente Treue entrepris ny attenté aucune chose sur les places les vns des autres ny fait aucun autre acte d'hostilité: & si aucun s'oublioit de tant, de faire le contraire, les Chefs feront reparer les attentats, punir les contreuenans, comme perturbateurs du repos public, sans ce que

du Parlement. 261

neantmoins lesdites contrauentions puissent estre cause de la rupture de ladite Treue.

13. Si aucun refuse d'obeïr au contenu des presens Articles, le Chef du party fera tout le deuoir & effort qu'il luy sera possible pour l'y contraindre. Et où dans quinze iours apres la requisition qui luy en sera faite, l'execution n'en soit ensuiuie, sera loisible au Chef de l'autre party de faire la guerre à celuy ou ceux qui feroient tels refus, sans qu'ils puissent estre secourus ny assistez de l'autre part en quelque sorte que ce soit.

14. Ne sera loisible prendre de nouueau aucunes places durant la presente Tréve, pour les fortifier, encores qu'elles ne fussent occupées de personnes.

15. Tous gens de guerre, d'vne part & d'autre, seront mis en garnison, sans qu'il leur soit permis tenir les champs, à la foule du peuple & ruyne du plat pays.

16. Les Preuosts des Mareschaux feront leurs charges & toutes captures.

H h ij

aux champs, & en flagrant delict, fans diftinction de partis, à la charge de renuoy aux Iuges aufquels la cognoiffance en debura appartenir.

17. Ne fera permis de fe quereller & rechercher par voye de faict, düels & affemblées d'amis, pour differens aduenus à caufe des prefens troubles, foit pour prife de perfonnes, maifons, beftial, ou autre occafion quelconque, pendant que la Tréue durera.

18. S'affembleront les Gouuerneurs & Lieutenans Generaux des deux partis en chacune Prouince, incontinant apres la publication du prefent Traitté, ou deputeront Commiffaires de leur part pour aduifer à ce qui fera neceffaire pour l'execution d'iceluy, au bien & foulagement de ceux qui font foubs leurs charges : & où il feroit iugé entre-eux vtile & neceffaire d'y adjoufter, corriger ou diminuer quelque chofe, pour le bien particulier de ladite Prouince, en aduertiront les Chefs, pour y eftre pourueu.

du Parlement. 263

19. Les presens Articles sont accordez, sans entendre prejudicier aux accords & reiglemens particuliers faits entre les Gouuerneurs & Lieutenans Generaux des Prouinces, qui ont esté confirmez & approuuez par les Chefs des deux partis.

20. Aucunes entreprises ne pourront estre faites durant la presente Tréue par l'vn ou l'autre party, sur les pays, biens & subjets des Princes & Estats qui les ont assisté. Comme au semblable, lesdits Princes & Estats ne pourront de leur costé rien entreprendre sur ce Royaume & pays estans en la protection de la Couronne: ains lesdits Princes retireront hors d'iceluy incontinent apres la conclusion du present Traicté leurs forces qui sont en la campagne, & n'en feront point rentrer durant ledit temps. Et pour le regard de celles qui sont en Bretagne, seront renuoyées, ou separées & mises en garnison, en lieux & places qui ne puisse apporter aucun iuste soupçon: Et quant aux autres Prouinces,

H h iij

és places où y a des estrangers en garnison, le nombre d'iceux estrangers estans à la solde desdits Princes, n'y pourra estre augmenté durant la presente Tréue. Ce que les Chefs des deux partis promettent respectiuement pour lesdits Princes, & y obligent leur foy & honneur. Et neantmoins ladite promesse & obligation ne s'estendra à Monsieur le Duc de Sauoye : mais s'il veut estre compris au present Traicté, enuoyant dans vn mois sa declaration, il en sera lors aduisé & resolu au bien commun de l'vn & de l'autre party.

21. Les Ambassadeurs, Agens, & Entremetteurs des Princes Estrangers, qui ont assisté l'vn ou l'autre party, ayans passe-port du Chef du party qu'ils ont assisté, se pourront retirer librement & en toute seureté, sans qu'il leur soit besoin d'autre passe-port que du present Traicté ; à la charge neantmoins qu'ils ne pourront entrer és villes & places fortes du party contraire, sinon auec la permission des Gouuerneurs d'icelles.

du Parlement. 265

22. Que d'vne part & d'autre seront baillez passe-ports pour ceux qui seront respectiuement enuoyez porter ladite Tréue en chacune des Prouinces & villes qui de besoin sera.

Fait & accordé à la Villette, entre Paris & S. Denys, le dernier iour de Iuillet, mil cinq cens quatre-vingts treize, & publié le premier iour d'Aoust ensuiuant esdites villes de Paris & S. Denys, à son de trompe & cry public és lieux accoustumez. Et est signé en l'original, HENRY, & CHARLES DE LORRAINE. & plus bas, Rvzé, & Bavdovyn.

Le Roy ayant conquesté & remis en son obeïssance plusieurs places en Bourgongne, & en la Franche-Comté, alla à Lyon faire son entrée, où le Duc de Mayenne qui s'estoit retiré dedans Chaalons le fist rechercher pour se reünir sous son obeyssance. Le Roy luy accorda vne Treue generale, pendant laquelle, & comme sa Majesté assiegeoit la Fere, il se reünit à son seruice, & fut fait vn Edict de sa reünion, qui est à la suite de cette Tréue.

Articles accordez par le Roy, pour la Tréue generale du Royaume. Du mois de Ianuier 1596.

sic.

LE ROY estant recherché d'accorder vne Tréue & cessation d'armes generale par tout son Royaume, sur l'asseurance qui luy a esté donnée par Monsieur le Duc de Mayenne, de la pouuoir faire receuoir & obseruer par tous ceux qui font encores la guerre en iceluy, tant soubs son authorité, que soubs le nom du party de l'Vnion: Voulant sa Majesté soulager ses Subjets de l'oppression de la guerre, a accordé les articles qui ensuiuent :

PREMIEREMENT.

Qu'il y aura bonne & loyale Tréue & cessation d'armes par tout le Royaume, pays, terres & seigneuries d'iceluy, &
de

de la protection de la Couronne de France, pour le temps & espace de trois mois, à commencer : à sçauoir, aux Gouuernemens de Lyonnois, Forests, & Beaujolois, où est de present sa Majesté, & du Duché de Bourgongne six iours apres que ces presens Articles seront signez : dedans lesquels la publication s'en fera aux villes de Lyon, Dijon, Chaalons, & Seure. Aux Gouuernemens de Dauphiné, Prouence, l'Isle de France, Bourbonnois, Niuernois, Auuergne, Chartres, & Orleans, huict iours apres la datte d'iceux. Aux Gouuernemés de Champagne, Picardie, Normandie, Bretagne, Berry, Touraine & le Mayne, Limoges, haute & basse Marche, quinze iours apres. Et és Gouuernemens de Guyenne, Languedoc, Poictou, Xainctonge, Angoulmois, Mets & pays Messin, vingt iours apres la datte du present accord : Et neantmoins finira par tout à semblable iour.

2. Toutes personnes Ecclesiastiques, Nobles, habitans des Villes & du plat-

pays, & autres, pourront durant la presente Tréue, recueillir leurs fruicts & reuenus, & en ioüir en quelque part qu'ils soient scituez & assis, & rentreront en leurs maisons & chasteaux des champs, que ceux qui les occupent seront tenus de leur rendre, & laisser libres de tous empeschemens, à la charge de n'y faire aucune fortification durant ladite Tréue : & sont exceptez les chasteaux où il y a garnison employée en l'Estat de la guerre, lesquels ne seront rendus ; Neantmoins les proprietaires ioüiront des fruicts & reuenus qui en dependent. Le tout nonobstant les dons & saisies qui en auoient esté faites.

3. Les laboureurs pourront en toute liberté faire leurs labourages, charrois & œuures accoustumées, sans qu'ils y puissent estre empeschez, ny molestez en quelque façon que ce soit, sur peine de la vie, à ceux qui feront le contraire.

4. Chacun pourra librement voyager par tout ce Royaume, sans estre abstraint de prendre passe-port : & neant-

moins nul ne pourra entrer és villes & places fortes de party contraire, auec autres armes, les gens de pied que l'espée, & les gens de cheual l'espée, la pistole ou harquebuze, ny sans enuoyer auparauant aduertir ceux qui ont commandement : lesquels seront tenus bailler la permission d'entrer, si ce n'est que la qualité & nombre de personnes portast iuste ialousie de la seureté des places où ils commandent : ce qui est remis à leur iugement & discretion. Et si aucuns du party contraire estoient entrez en aucunes desdites places, sans s'estre declarez tels, & auoir ladite permission, ils seront de bonne prise. Et pour obuier à toutes disputes qui pourroient sur ce interuenir, ceux qui commandent esdites places accordans ladite permission, seront tenus la bailler par escrit sans fraiz.

5. Les deniers des Tailles & Taillon, & des impositions mises sur les Marchandises & denrées, se leueront durant lesdits trois mois, comme ils sont de present, sans pouuoir estre augmentées qu'en

vertu des Commiſsions de Sa Majeſté, & ſans prejudice des accords & traittez particuliers deſia faits pour la perception & leuée deſdits deniers, leſquels ſeront entretenus & gardez.

6. Ne pourront toutesfois eſtre leuez par anticipation des quartiers, mais ſeulement le quartier courant, ſans la permiſsion de ſa Majeſté, & par les Officiers des Eſlections: leſquels en cas de reſiſtance, auront recours au Gouuerneur de la plus proche ville, pour eſtre aſsiſtez de forces. Et ne pourra neantmoins pour cette occaſion eſtre exigé pour les frais qu'à raiſon d'vn ſol pour liure, des ſommes pour leſquelles les contraintes ſeront faites.

7. Quant aux arrerages deſdites Tailles & Taillon, n'en pourra eſtre leué outre ledit quartier courant, & durant iceluy, ſi ce n'eſt vn autre quartier ſur ce qui eſt dé la preſente année, ſans la permiſsion auſsi de ſa Majeſté.

8. Qu'il ne ſera durant le temps de la preſente Treue entrepris ny attenté au-

cune chose sur les places les vns des autres ny fait aucun autre acte d'hostilité: & si aucun s'oublioit tant de faire le contraire, sa Majesté fera reparer de sa part tels attentats, & punir les contreuenans comme perturbateurs du repos public, comme sera tenu de faire de la sienne ledit sieur Duc de Mayenne : & où il n'auroit pouuoir de le faire, les abandonner à sadite Majesté, pour estre poursuiuis & punis comme dessus, sans qu'ils puissent estre secourus ny assistez de luy aucunement.

9. Pareillement si aucun du party dudit sieur Duc, refuse d'obeïr au contenu des presens Articles, il fera tout le deuoir & effort qu'il luy sera possible pour l'y contraindre. Et où dans quinze iours apres la requisition qui luy en sera faite il n'y satisfait, sera loisible à sadite Majesté de faire la guerre à celuy ou ceux qui feront tel refus, sans qu'ils puissent estre aussi secourus ny assistez dudit sieur Duc, & de ceux qui dependent de luy en quelque sorte que ce soit.

10. Ne fera loisible prendre de nouueau aucunes places durant la presente Tréve, pour les fortifier, encores qu'elles ne fussent occupées de personnes.

11. Les Preuosts des Mareschaux feront leurs charges & toutes captures aux champs, & en flagrant delict, sans distinction de partis, à la charge de renuoy aux Iuges ausquels la cognoissance en debura appartenir.

12. Ne sera permis de se quereller & rechercher par voye de faict, düels & assemblées d'amis, pour differens aduenus à cause des presens troubles, soit pour prise de personnes, maisons, bestial, ou autre occasion quelconque, pendant que ladite Tréue durera.

13. S'assembleront les Gouuerneurs & Lieutenans Generaux, & autres commandans en chacune Prouince, apres la publication des presens articles, ou deputeront Commissaires de leur part pour aduiser à ce qui sera necessaire pour l'execution d'iceux, au bien & soulagement de ceux qui sont soubs leurs charges : &

où il seroit iugé entre-eux vtile & necessaire d'y adjouster, corriger ou diminuer quelque chose, pour le bien particulier de ladite Prouince, en aduertiront sadite Majesté & ledit sieur Duc de Mayenne.

14. Les presens Articles sont accordez, sans entendre prejudicier aux accords & reiglemens particuliers faits entre les Gouuerneurs & Lieutenans Generaux des Prouinces du commandement de sadite Majesté, & du consentement dudit sieur Duc de Mayenne, & autres qui ont pouuoir de ce faire. Fait à Lyon le vingt-troisiesme Septembre, mil cinq cens quatre-vingts quinze. Signé, HENRY. Et plus bas, DE NEVFVILLE.

Lesdits Articles ont aussi esté signez à Chaalons, le vingt-troisiesme iour de Septembre, mil cinq cens quatre-vingts quinze. CHARLES DE LORRAINE. BAVDOVYN.

Edict du Roy, sur les Articles accordez à Monsieur le Duc de Mayenne, pour la paix de ce Royaume.

Sic.
HENRY par la grace de Dieu Roy de France & de Nauarre: A tous presens & à venir, salut: Comme l'office d'vn bon Roy soit d'aymer ses subjects comme ses enfans, les traicter comme tels, & croire que leur felicité est la sienne: Dieu & les hommes sont tesmoins aussi, si depuis qu'il luy a pleu nous appeller à cette Couronne, nous auons eu autre plus grand soing & desir que de nous acquitter de ce deuoir. Car ayant trouué ce Royaume remply de partialitez, guerres & diuisions plus grandes & perilleuses qu'ils n'auoient esté auparauant, Nous n'auons non plus espargné nostre propre sang pour deffendre nostre authorité, que nostre clemence pour oublier & remettre les offenses qui nous estoient faites, afin de deliurer tant pluftost nostredit

Royaume

Royaume des oppressions de la guerre ciuile, vraye source & mere de tous maux. En quoy nous recognoissons n'auoir esté moins assistez de la grace & benediction de Dieu en l'vne qu'en l'autre voye. Car s'il nous a souuent donné des victoires sur ceux qui combattoient contre nous, il nous a encores plus souuent accreu la volonté, & donné les moyens de vaincre par douceur ceux qui s'en sont rendus dignes. De sorte que nous pouuons dire n'auoir gueres moins aduancé la reünion de nos subjets soubs nostre obeïssance (telle que nous la voyons acheminée aujourd'huy, par la grace de Dieu) par nostre clemence, que par nos armes. Et comme à ce faire nous auons esté esmeus principalement de l'amour extresme que nous portons à nosdits subjets, & de la compassion que nous auons de leurs calamitez & miseres, plus que de nostre interest & aduantage particulier : Nous auons aussi eu grand esgard aux causes qui ont excité & conuié plusieurs d'iceux de s'armer, ayans esté fondées sur le soing que chacun doit auoir du salut de son ame, que nous auons iugées d'autant plus dignes de commiseration & d'excuse, que nous recognoissons comme vray Chrestien, n'y auoir rien qui ait tant de puissance sur nous, que cette obligation. C'est pourquoy ayant souuent esprouué par nous mesmes que la force endurcit plustost qu'elle ne change les courages des hommes au fait de la Religion, & que c'est vne grace qui est infuse en nous, non par nostre iugement, ny par celuy d'autruy : mais par la seule bonté du Dieu viuant, & l'operation de son S. Esprit : Si tost que nous auons eu quelque relasche de nos plus grands trauaux par les aduantages que Dieu nous a donnez sur nos aduersaires, nous auons voulu approcher de nous des Prelats & Docteurs de bonne vie, & des mieux versez aux sainctes Lettres, pour nous instruire en la verité de la Religion Catholique : de laquelle Dieu nous ayant fait la grace de nous rendre capable, auec ferme propos & resolution d'y perseuerer iusques au dernier souspir de nostre vie : Nous n'auons eu depuis plus grand desir que de participer en toutes choses à l'vnion & societé de l'Eglise Catholique, Apostolique & Romaine, & à nostre reconciliation auec nostre S. Pere le Pape, & le S. Siege, comme chacun a peu cognoistre par nos actions, & les continuelles poursuittes & recherches que nous en auons fait : Lesquelles auroient esté tellement trauersées par les ruses ordinaires de nos ennemis & leur puissance à Rome, que si nostre constance & la raison n'eussent esmeu & fortifié la vertu & bonté singuliere de nostredit Sainct Pere (lequel comme Pere commun & vray successeur & imitateur de S. Pierre, n'a eu esgard qu'au seul bien de la Religion Chrestienne,) Nous n'eussions iamais acquis le bon-heur de sa Saincte Benediction, ny de nostredite reconciliation par nous tant desirée pour l'entier repos de nostre ame, & la satisfaction plus grande des consciences de nosdits subjects, esmeus du seul zele de la Religion: En quoy comme nous auons tresgrande occasion de loüer Dieu, & magnifier aussi l'equanimité de sa Saincteté, pour auoir par sa prudence & bonté confondu l'audace & mensonge de nosdits ennemis, nous ne l'auons pas moindre d'admirer la Prouidence Diuine, en ce qu'il luy a pleu faire que le chemin de nostre salut aye aussi esté celuy qui a esté le plus propre pour gaigner & affermir les cœurs de nosdits subjects, & les attirer à nous recognoistre & obeïr, comme il s'est veu bien-tost apres nostre reünion en l'Eglise, & tousiours depuis continué: Mais ce bon œuure n'eust esté parfaict ny la paix entiere, si nostre tres-cher & tres-amé cousin le Duc de Mayenne, Chef de son party, n'eust suiuy le mesme chemin, comme il s'est resolu de faire si tost qu'il a veu que nostredit S. Pere auoit approuué nostredite reünion: Ce qui nous a mieux fait sentir qu'auparauant de ses actions, receuoir & prendre en bonne part ce qu'il nous a remonstré du zele qu'il a eu en la Religion, loüer & estimer l'affection qu'il a monstré à conseruer le Royaume en son entier, duquel il n'a fait ny souffert le desmembrement, lors que la prosperité de ses affaires sembloient luy en donner quelque moyen : comme il n'a fait encores depuis qu'estant affoibly, il a mieux aymé se ietter entre nos bras, & nous rendre l'obeïssance, que Dieu, Nature, & les Loix luy commandent, que de s'attacher à d'autres remedes qui pouuoient encores faire durer la guerre longuement, au grand dommage de nosdits subjets : Ce qui nous a fait desirer de recognoistre sa bonne volonté, l'aymer & traitter à l'aduenir comme nostre bon parent & fidele subject : Et afin que luy & tous les Catholiques qui l'imiteront en ce deuoir, y soient de plus en plus confirmez, & les autres excitez de prendre vn si salutaire conseil : Et aussi que personne ne puisse plus feindre cy-apres de douter de la sincerité de nostredite reünion à l'Eglise Catholique, &

sous ce pretexte faire renaistre de nouuelles semences de dissentions pour seduire nos subjects, & les porter à leur ruyne : Sçauoir faisons, que comme nous declarons & protestons nostre resolution estre de viure & mourir en la Foy & Religion Catholique, Apostolique & Romaine, de laquelle nous auons fait profession, moyennant la grace de Dieu, nostre intention est aussi d'en procurer à l'aduenir le bien & aduancement de tout nostre pouuoir, & auec le soing & mesme affection que les Roys Tres-Chrestiens nos predecesseurs ont faict : Et par l'aduis de nos bons & loyaux subjects Catholiques, tant de ceux qui nous ont tousiours assisté, que des autres qui se sont depuis remis en nostre obeissance : en conseruant neantmoins la tranquilité publique de nostre Royaume.

1. Cependant nous voulons qu'és villes de Chaalons, Seurre & Soissons, lesquelles nous auons laissées pour villes de seureté à nostredit Cousin pour six ans, ny au Bailliage dudit Chaalons, dont

nous auons accordé le gouuernement à l'vn de ses enfans, separé pour ledit temps de celuy de Bourgongne, & à deux lieuës aux enuirons de ladite ville de Soissons, il n'y ait autre exercice de Religion, que de la Catholique, Apostolique & Romaine, durant lesdits six ans, ny aucunes personnes admises aux charges publiques & offices, qui ne fassent profession de ladite Religion.

2. Et afin que la reünion soubs nostre obeissance de nostredit Cousin, & de tous ceux qui l'imiteront en ce deuoir, soit parfaite & accomplie de toutes ses parties, comme il conuient, tant pour nostre seruice & l'entier repos de tous nos subjects, que pour l'honneur & seureté de nostredit Cousin, & des autres qui voudront iouyr du present Edict: Nous auons reuoqué & reuoquons tous Edicts, Lettres patentes, & Declarations faites & publiées en nostre Cour de Parlement de Paris, & autres lieux & Iurisdictions, depuis les presens troubles, & à l'occasion d'iceux: ensemble tous Iuge-

mens & Arrests donnez contre nostredit Cousin le Duc de Mayenne, & autres Princes & Seigneurs, Gentils-hommes, Officiers, communautez & particuliers, de quelque qualité qu'ils soient, qui se voudront ayder du benefice dudit Edict: Voulons & entendons que lesdits Edicts, Lettres patentes & Declarations soient retirées des Registres de nostredite Cour, & autres lieux & Iurisdictions, pour en estre la memoire du tout esteinte & abolie.

3. Deffendons à tous nos subjects de quelque qualité qu'ils soient, de renouueller la memoire des choses passées durant lesdits troubles, s'attaquer, iniurier, ou prouoquer l'vn l'autre de faict ou de parole, à peine aux contreuenans d'estre punis comme perturbateurs du repos public: A cette fin nous voulons que toutes marques de dissention qui pourroient encores aigrir nosdits subjects les vns contre les autres, introduites dedans nos villes ou ailleurs depuis les presens troubles, & à l'occasion d'iceux soient ostez

&

& abolis: Enjoignant aux Officiers de nos Villes, Maires, Consuls & Escheuins d'y tenir la main.

4. Voulons aussi & ordonnons, que tous Ecclesiastiques, Gentils-hommes, Officiers, & tous autres, de quelque qualité & condition qu'ils soient, qui nous voudront recognoistre auec nostredit Cousin le Duc de Mayenne, soient remis en leurs biens, Benefices, Offices, Charges & Dignitez, nonobstant tous Edicts, dons de leurs biens, rentes & debtes, & prouisions à d'autres personnes de leursdites Offices, saisies, ventes, confiscations, & Declarations qui en pourroient auoir esté faites, omologuées & enregistrées: lesquelles nous auons reuoquées & reuoquons: entendant que dés à present, sans autre Declaration, & en vertu du present Edict, main-leuée entiere leur en soit faite: A la charge toutesfois que nostredit Cousin & eux nous iureront toute fidelité & obeïssance: se departiront dés à present de toutes ligues, practiques, associations ou in-

telligences faites dedans ou dehors le Royaume : & promettront à l'aduenir de n'en faire foubs quelque pretexte que ce foit.

5. Ne pourront aufsi, tant noftredit Coufin que les Princes, Seigneurs, Ecclefiaftiques, Gentilshommes, Officiers & autres habitans des Villes, Communautez, & Bourgades, qui ont en quelque forte que ce foit, fuiuy & fauorifé fon party, ne nous ayant encores fait le ferment de fidelité, & voulant venir à la recognoiffance de ce deuoir auec luy, dedans le temps porté par le prefent Edict, eftre recherchez des chofes aduenuës, & par eux commifes durant les prefens Troubles, & à l'occafion d'iceux pour quelque caufe que ce foit : Voulant que les Iugemens & Arrefts qui ont efté ou pourroient eftre donnez contr'eux pour ce regard, enfemble toutes procedures & informations demeurent nulles & de nul effect, & foient oftées & tirées des regiftres, fans que des cas & chofes deffufdites rien foit excepté, fors les cri-

mes & delits punissables en mesme party, & l'assassinat du feu Roy, nostre tres-honoré Seigneur & frere.

6. Et neantmoins ayant esté ce faict mis par plusieurs fois en deliberation, & eu sur ce l'aduis des Princes de nostre sang, & autres Princes, Officiers de nostre Couronne, & plusieurs Seigneurs de nostre Conseil estans lez nous, & depuis veuës par Nous, seant à nostre Conseil, les charges & informations sur ce faites depuis sept ans en ç'a, par lesquelles il nous a apparu qu'il n'y a aucune charge contre les Princes & Princesses nos subjects, qui s'estoient separez de l'obeïssance du feu Roy, nostre tres-honoré Seigneur & Frere, & la nostre : Auons declaré & declarons par ces presentes, que ladite exception ne se pourra estendre enuers lesdits Princes & Princesses qui ont recogneu & recognoistront enuers nous, suiuant le present Edict, ce à quoy le deuoir de fidelité les oblige, attendu ce que dessus, plusieurs autres grandes considerations à ce nous mouuans, & le

serment par eux fait de n'auoir consenty ny participé audit assassinat: Deffendant à nostre Procureur General present & à venir, & tous autres, d'en faire contr'eux aucune recherche ny poursuitte, & à nos Cours de Parlement, & à tous nos autres Iusticiers & Officiers d'y auoir esgard.

7. Dauantage, tous ceux qui ont esté mis hors de nos Villes depuis la reduction d'icelles en nostre obeissance, à l'occasion des presens troubles, & pour causes qui doiuent estre remises par le present Edict, ou qui lors de ladite reduction en estoient absens, & le sont encores de present pour mesmes causes, qui voudront iouyr du benefice d'iceluy, pourront rentrer esdites villes, & se remettre en leurs maisons, biens & dignitez, nonobstant tous Edicts, Lettres & Arrests à ce contraires.

8. Nostredit Cousin le Duc de Mayenne, & les Seigneurs, Gentils-hommes, Gouuerneurs, Officiers, corps de Villes, Communautez, & autres particuliers

qui l'ont suiuy, demeureront pareillement quittes & deschargez de toutes recherches pour deniers publics ou particuliers, qui ont esté leuez & pris par eux, leurs Ordonnances, Mandemés & Commissions, durant & à l'occasion des presens troubles, tant des Receptes generales que particulieres, Greniers à Sel saisis, & iouïssances des Rentes, arrerages d'icelles, reuenus, obligations, argenteries, prises & ventes de biens meubles, bagues & ioyaux, soit d'Eglise, de la Couronne, Princes, ou autres des particuliers, bois de haute-fustaye & taillis, ventes de sel, prix d'iceluy, tant de marchands que de la Gabelle, decimes, alienations des biens des Ecclesiastiques, traictes & impositions mises sur les denrées, vins, chairs, & autres viures, depostes & consignations, cottes sur les particuliers, emprisonnemens de leurs personnes, prises de cheuaux, mesmes en nos harats, & generalement de tous deniers, impositions, & autres choses quelconques, ores qu'elles ne soient plus particulierement exprimées : comme auſſi ceux qui auront fourny & payé leſdits deniers en demeureront quittes & deſchargez.

9. Demeureront pareillement deſchargez de tous actes d'hoſtilité, leuées & conduites de gens de guerre, fabrication de monnoye, fonte & priſe d'artillerie & munitions, tant aux magazins publics, que maiſons des particuliers, confection de pouldres, priſes, rançons, fortifications, démolitions de villes, chaſteaux, bourgs & bourgades, entrepriſes ſur icelles, bruſlemens & démolitions d'Egliſes, & fauxbourgs de villes, eſtabliſſement de Conſeils, Iugemens & executions d'iceux : Commiſſions particulieres, ſoit en matieres ciuiles ou criminelles, voyages, intelligences, negociations & traictez dedans & dehors noſtredit Royaume.

10. Ceux qui ont exercé les Charges de Commiſſaires Generaux & garde des Viures, ſoubs l'authorité de noſtredit Couſin, & des Seigneurs commandans aux Prouinces particulieres de noſtre

Royaume, lesquels nous recognoistront suiuant le present Edict, & dedans le temps porté par iceluy, seront exempts de toutes recherches pour toutes sortes de munitions, viures, cheuaux, harnois, & autres choses par eux faites pour l'execution de leurs charges durant les presens troubles, & à l'occasion d'iceux, sans qu'ils soient responsables du faict de leurs Commis, Clercs, & autres Officiers par eux employez, & sans qu'ils soient tenus rendre aucun compte de leur maniement & charges, en rapportant seulement declaration & certification de nostredit Cousin, qu'ils ont bien & fidelement seruy en l'exercice de leurs charges.

11. Tous memoires, lettres & escrits publiez depuis le premier iour de Ianuier mil cinq cens quatre-vingts neuf, pour quelques sujets qu'ils ayent esté faits, & contre qui que ce soit, demeureront supprimez, sans que les autheurs en puissent estre recherchez: Imposant pour ce regard silence, tant à nos Procureurs

Generaux, leurs Subſtituds, qu'à tous autres particuliers.

12. Nous entendons auſſi qu'il ne ſoit fait aucune recherche contre le Seigneur de Maigny, Lieutenant, & les ſoldats des gardes de noſtredit Couſin, ayant aſſiſté à la mort du feu Marquis de Maignelay, aduenuë contre la volonté & au grand regret de noſtredit Couſin, ainſi qu'il a declaré. Et demeurera ledit faict, pour ce regard aboly, ſans qu'il leur ſoit beſoin obtenir autres Lettres ny Declaration plus ample : Meſmement pour le regard de ceux leſquels pour ce ſubject ont obtenu Lettres de noſtredit Couſin, leſquelles ont eſté verifiées par celuy qui a exercé l'Office du Grand Preuoſt à ſa ſuitte.

13. Toutes Sentences, Iugemens & Arreſts donnez par les Iuges dudit party, entre perſonnes d'iceluy party, ou autres n'eſtans dudit party, qui ont procedé volontairement, tiendront & auront lieu, ſans qu'ils puiſſent eſtre reuoquez par nos Cours de Parlement, ou
autres

autres Iuges, sinon en cas d'appel, ou par voye ordinaire : Et où aucune reuocation ou cessation en auroit esté faite, elle demeurera dés à present nulle, & de nul effect.

14. Le temps qui a couru, depuis le premier iour de Ianuier mil cinq cens quatre-vingts neuf iusques à present, ne pourra seruir entre personnes de diuers partis, pour acquerir prescription ou peremption d'instance.

15. Tout ce qui a esté executé en vertu desdits Iugemens, ou actes publics du Conseil estably par nostredit Cousin, pour rançons, entherinement de graces, pardons, remissions & abolition, aura lieu, sans aucune reuocation, pour les differens qui regardent les particuliers.

16. Ceux qui auront esté pourueus par nostredit Cousin d'Offices vacquans par mort ou resignation és villes qui nous recognoistront auec luy, comme aussi des Offices de Receueurs du sel nouuellement creées esdites villes, y seront maintenus en prenant prouision de Nous, que

M m

nous leur ferons expedier.

17. Et pour le regard de ceux qui ont esté par nostredit Cousin pourueus desdites Offices, qui ont vacqué és villes qui ont cy-deuant tenu son party, soit par mort, resignation, ou nouuelle creation de nous ou de nos predecesseurs, lesquels ont depuis suiuy nostredit Cousin, sans nous recognoistre & iurer fidelité, suiuant nos Edicts, reuenans à present à nostre seruice auec luy, lesquels auec autres sont nommez & declarez en vn estat & roolle particulier, que nous auons accordé & signé de nostre main, seront pareillemét maintenus & conseruez esdites Offices, prenans prouisions de Nous: Le mesme sera fait pour les Benefices declarez audit estat & roolle.

18. S'il y a quelque dispute & procés sur la prouision desdites Offices, estans dedans les villes qui nous recognoistront auec nostredit Cousin, octroyées par luy entre personnes qui sont encores à present dudit party, ou l'vn d'eux, & nous recognoistront auec luy, ceux qui au-

ront obtenu declaration de l'intention de noſtredit Couſin, ſeront maintenus, pourueu qu'ils apportent ladite declaration dedans ſix mois apres la publication du preſent Edict.

19. Et d'autant que ceux qui ont eſté pourueus d'Offices, ſoit par mort, reſignation, creation nouuelle, ou autrement, & payé finance pour cét effect és mains de ceux qui ont fait la Recepte des parties Caſuelles au party de noſtredit Couſin, pourroient pretendre quelque recours contre luy, ou ceux qui ont receu leſdits deniers, comme dit eſt, ſoit pour eſtre maintenus auſdites Offices, ou rembourſez de leurs finances : Nous auons deſchargé & deſchargeons par ces preſentes noſtredit Couſin & leſdits Treſoriers & Receueurs de toutes actions & demandes que l'on pourroit intenter contre-eux pour ce regard.

20. Tous ceux qui nous recognoiſtront auec noſtredit Couſin, qui ont ioüy des gages, droicts & profits d'aucuns Offices, fruicts de Benefices, reue-

nus de maisons, terres & seigneuries, loyers & vsufruicts de maisons, & autres biens, meubles, droicts, noms, raisons, & actions de ceux qui estoient du party contraire, en vertu des dons, ordonnances, mandemens, rescriptions, & quittances de nostredit Cousin le Duc de Mayenne, ne seront subjets à aucune restitution, ains en demeureront entierement quittes & deschargez : Ils ne pourront aussi rien demander ny repeter des choses susdites prises sur eux par nostre commandement & authorité, & receuës par nos autres subjects & seruiteurs, fors & excepté d'vne part & d'autre les meubles qui se trouueront en nature, qui pourront estre repetez par ceux ausquels ils appartenoient, en payant le prix pour lequel ils auront esté vendus.

21. Pareillement les Ecclesiastiques qui nous recognoistront auec nostredit Cousin, & ne nous ont encores fait serment de fidelité, qui ont payé leurs decimes aux Receueurs ou commis par luy,

ensemble les deniers de l'alienation de leur temporel, n'en pourront estre recherchez pour le passé, ains en demeureront aussi entierement quittes & deschargez, ensemble les Receueurs qui en ont fait le payement.

22. Toutes les sommes payées par les Ordonnances de nostredit Cousin, ou de ceux qui ont eu Charge de Finance sous luy, à quelques personnes & pour quelque cause que ce soit, par les Tresoriers, Receueurs, ou autres, qui ont en maniement des deniers publics, lesquels nous recognoistront auec luy, seront passez & alloüez en nos Chambres des Comptes, sans que l'on les puisse rayer, superseder, ny tenir en souffrance, pour n'auoir esté la forme & l'ordre des finances tenuë & gardée. Et ne seront tous les comptes qui ont esté rendus sujets à reuision, sinon en cas de l'Ordonnance. Voulans que pour le restablissement de toutes parties rayées, supersedées ou tenuës en souffrance, toutes lettres & validations necessaires leur soient expediées. Et

quant aux comptes qui restent à rendre, ils seront oüys & examinez en nostre Chambre des Comptes à Paris, ou ailleurs, où il appartiendra : A quoy toutesfois ils ne pourront estre contraints d'vn an. Et ne sera nostredit Cousin ny lesdits Tresoriers, Receueurs & comptables, tenus & responsables en leurs noms, des mandemens, rescriptions & quittances qu'ils ont expediées pour choses dependantes de leur Charge, sinon qu'ils en soient obligez en leurs propres & priuez noms.

23. Les Edicts & Declarations par nous faits sur la reduction du payement des rentes constituées, auront lieu, pour ceux qui s'ayderont du present Edict, sans que l'on puisse pretendre qu'ils soient descheus & priuez du benefice desdits Edicts & Declarations, pour n'y auoir satisfait dedans le temps porté par iceux: Et ne courra ledit temps contr'eux, que du iour de la publication de nostredit Edict.

24. Et pource que les veufues & ho-

du Parlement. 297

ritiers de ceux qui font morts au party de noftredit Coufin pourroient eftre pourfuiuis & recherchez pour raifon des chofes faites durant les troubles, & à l'occafion d'iceux, par leurs marys, & ceux defquels ils font heritiers, Nous voulons & entendons qu'ils jouïffent de la mefme defcharge accordée par les articles precedens, à tous ceux qui nous feront le ferment de fidelité auec noftredit Coufin.

25. Tous ceux qui voudront joüir du prefent Edict, feront tenus le declarer dedans fix fepmaines apres la publication d'iceluy au Parlement de leur reffort, & faire le ferment de fidelité : A fçauoir, les Princes, Euefques, Gouuerneurs des Prouinces, Officiers, & autres ayans Charges publiques, entre nos mains, de noftre tres-cher & feal le Chancelier, ou des Parlemens de leur reffort, & les autres pardeuant les Baillifs, Senefchaux, & Iuges ordinaires dedans ledit temps.

26. Sur la remonftrance qui nous a efté faite par noftre Coufin le Duc de

Mayenne, pour la ville de Marseille, & autres de noſtre pays de Prouence, qui ont tenu iuſques à preſent ſon party, & nous obeïront & recognoiſtront auec luy en vertu du preſent Edict, Nous auons ordonné & promis qu'ils joüiront du contenu és articles inſerez aux articles ſecrets par nous accordez à noſtredit Couſin.

27. Dauantage, deſirans donner toutes occaſions aux Ducs de Mercœur & d'Aumalle de reuenir à noſtre ſeruice, & nous rendre obeïſſance, à l'exemple de noſtredit Couſin le Duc de Mayenne, & ſur la ſupplication tres-humble qu'il nous en a faite : Nous auons ſemblablement declaré que nous verrons bien volontiers leurs demandes quand ils nous les preſenteront, & s'acquitteront de leur deuoir enuers nous, pourueu qu'ils le faſſent dedans le temps limité par le preſent Edict. Et dés à preſent voulons que l'execution de l'Arreſt donné contre ledit Duc d'Aumalle en noſtre Cour de Parlement ſoit ſurcis, iuſques à ce que nous

en

en ayons autrement ordonné, en intention de reuoquer & supprimer ledit Arrest, si ledit Duc d'Aumalle nous recognoist comme il doit, durant ledit temps.

28. Recognoissans de quelle affection nostredit Cousin s'employe pour reduire en nostre obeïssance ceux qui restent en son party, & par ce moyen remettre nostredit Royaume du tout en repos, Nous auons eu agreable aussi que les articles qui concernent nostre tres-cher & amé Cousin le Duc de Ioyeuse, les sieurs Marquis de Villars & de Mont-pezat: Comme aussi le sieur de l'Estrange qui commande de present en nostre ville du Puy, ensemble les habitans de ladite ville, les sieurs de Sainct Offange, Gouuerneur de Roche-fort, du Plessis, Gouuerneur de Craon, & de la Seuerie, Gouuerneur de la Ganache, ayant esté veus & resolus en nostre Conseil, sur les memoires qu'ils ont enuoyez à cét effect, que nostredit Cousin nous a presentez de leur part. Voulons que ce qui a esté accordé

sur iceux, soit effectué & obserué de poinct en poinct, pourueu que nostredit Cousin fasse apparoir dedans six sepmaines qu'ils ayent accepté ce que nous leur auons accordé, & que dedans le mesme temps ils nous fassent le serment de fidelité : autrement nous n'entendons estre tenus & obligez à l'entretenement & obseruation desdits articles.

29. Ayans égard que nostredit Cousin s'est obligé en son nom, & fait obliger aucuns de ses amis & seruiteurs en plusieurs parties & sommes de deniers declarées en vn estat signé de luy, montant à la somme de trois cens cinquante mil escus, qu'il nous a remonstré auoir employez aux affaires de la guerre & autres de son party, sans qu'il en soit tourné aucune chose à son profit particulier ny de ses amis & seruiteurs coobligez : dequoy le voulant descharger & tenir quitte, afin de luy donner plus de moyen de nous faire plus de seruice, Nous promettons à nostredit Cousin d'acquitter lesdites debtes portées par ledit estat, ius-

ques à ladite somme de trois cens cinquante mil escus, en principal, & vingtsept mil six cens cinquante escus pour les arrerages d'aucunes parties desdites debtes, portans rentes, interests, liquidez pour le temps porté par l'estat fait & signé de nostre main & de celle de nostredit Cousin, & l'en descharger entierement auec sesdits amis & seruiteurs coobligez. Et à ceste fin luy faire payer dedans deux ans, en huict payemens de quartier en quartier, le premier quartier commençant au premier iour du present mois de Ianuier, la somme de six-vingts vn mil cinquante escus, que nous auons ordonné estre assignez sur aucunes receptes generales de nostredit Royaume, pour estre employé tant en l'acquit desdites debtes portans rentes & interests, que des arrerages d'icelles, iusques au temps porté par leditestat, signé de nostre main & de celle de nostredit Cousin: Et faire aussi payer à l'aduenir le courant desdites rentes & interests, iusques à l'entiere extinction & admortissement d'icelle, & des obligations susdites. Et quant aux autres debtes contenuës audit estat signé de nostredit Cousin, restans desdits trois cens cinquante mil escus : Nous promettons à nostredit Cousin d'en retirer & luy rendre les promesses, contracts & obligations de luy & de ses amis & seruiteurs coobligez dedans quatre ans, sans pour ce payer aucuns arrerages & interests, ou bien luy fournir dedans ledit temps de iugement valable de l'inualidité desdites debtes, de sorte que nostredit Cousin, ses amis & seruiteurs en seront du tout quittes & deschargez. Et iusques à ce que lesdites promesses & obligations luy ayent esté renduës, Nous voulons & ordonnons qu'il ne puisse estre contraint, ny aussi sesdits amis & seruiteurs coobligez au payement de tout ou partie d'icelle somme de trois cens cinquante mil escus, ny des arrerages & interests desdites rentes : Et que toutes lettres de surceances, interdiction & euocation en nostre Conseil d'Estat, en soient expediées toutes & quantesfois que besoin en sera, sur l'extraict du present article.

30. Dauantage, voulans mettre nostredit Cousin le Duc de Mayenne hors de tous interests enuers les Suisses, Reistres, Lansquenets, Lorrains, & autres estrangers, ausquels il s'est obligé, tant pour la leuée des gens de guerre que pour le seruice qu'ils ont fait durant le temps qu'ils ont demeuré en son party : Nous promettons de l'acquitter & descharger de toutes les sommes ausquelles se peuuét monter lesdites obligations par luy faites, tant en son nom priué que comme chef de sondit party, & les mettre auec les autres debtes de la Couronne, suiuant les verifications qui en ont esté faites par le feu sieur de Videuille Intendant des Finances, & par les Esleus dudit pays de Bourgongne, pour le regard desdits Suisses, Reistres, Lansquenets & Lorrains depuis lesdites verifications, reuoquans & annullans dés à present lesdites obligations qu'il a contractées en sondit nom, pour ce regard. Et particulierement

enuers le Comte Collalte, Colonel des Lansquenets, & autres Colonels & Capitaines des Suisses & Reistres, sans qu'il en puisse estre poursuiuy, ny inquieté en vertu d'icelles obligations, attendu qu'il n'en est tourné aucune chose à son profit particulier, dont nous luy ferons expedier toutes lettres & prouisions necessaires.

31. Les articles secrets qui ne se trouueront inserez en cedit present Edict, seront entretenus de poinct en poinct & inuiolablement obseruez : & sur l'extraict d'iceux ou de l'vn desdits articles signé de l'vn de nos Secretaires d'Estat, toutes lettres necessaires feront expediées.

Si donnons en mandement à nos amez & feaux Conseillers les Gens tenans nostre Cour de Parlement, Chambre de nos Comptes, Cour de nos Aydes, Tresoriers Generaux de France, & de nos Finances, Baillifs, Seneschaux, Preuosts, Iuges, ou leurs Lieutenans, & à tous nos autres Iusticiers, Officiers, & à chacun d'eux endroit soy, que ces presentes ils fassent lire,

du Parlement. 305

publier & enregistrer, garder, obseruer & entretenir inuiolablement, & sans enfraindre : Et du contenu en icelles jouïr & vser tous ceux qu'il appartiendra, cessans & faisans cesser tous troubles & empeschemens au contraire : Car tel est nostre plaisir. Et afin que ce soit chose ferme & stable à tousiours, Nous auons signé cesdites presentes de nostre main, & à icelles fait mettre & apposer nostre seel. Donné à Folambray au mois de Ianuier, l'an de grace mil cinq cens quatre-vingts seize, & de nostre regne le septiesme. Signé, HENRY. Et à costé, Visa. Et plus bas, Par le Roy estant en son Conseil, Signé, POTIER. Et scellé du grand seau de cire verde, sur lacqs de soye verde & rouge.

Leuës, publiées & registrées, oüy le Procureur General du Roy, à Paris en Parlement, le neufiesme Avril mil cinq cens quatre-vingts seize. Signé, VOYSIN.

Leuës, publiées & registrées en la

Chambre des Comptes, oüy le Procureur General du Roy, à la charge que ceux qui ont reçeu & manié les deniers en rendront compte en ladite Chambre dedans le délay porté par lesdites Lettres, sans que la despense puisse exceder la recepte : Et sera Sa Majesté suppliée de pouruoir au remplacement des deniers affectez au payement des rentes & autres charges. Le septiesme iour de May mil cinq cens quatre-vingts seize. Signé, DANES.

Leuës, publiées & regiſtrées, oüy le Procureur General du Roy. A Paris, en la Cour des Aydes, le vingt-neufiesme iour de May mil cinq cens quatre-vingts seize. Signé, BERNARD.

FIN.

guyon de sardieve

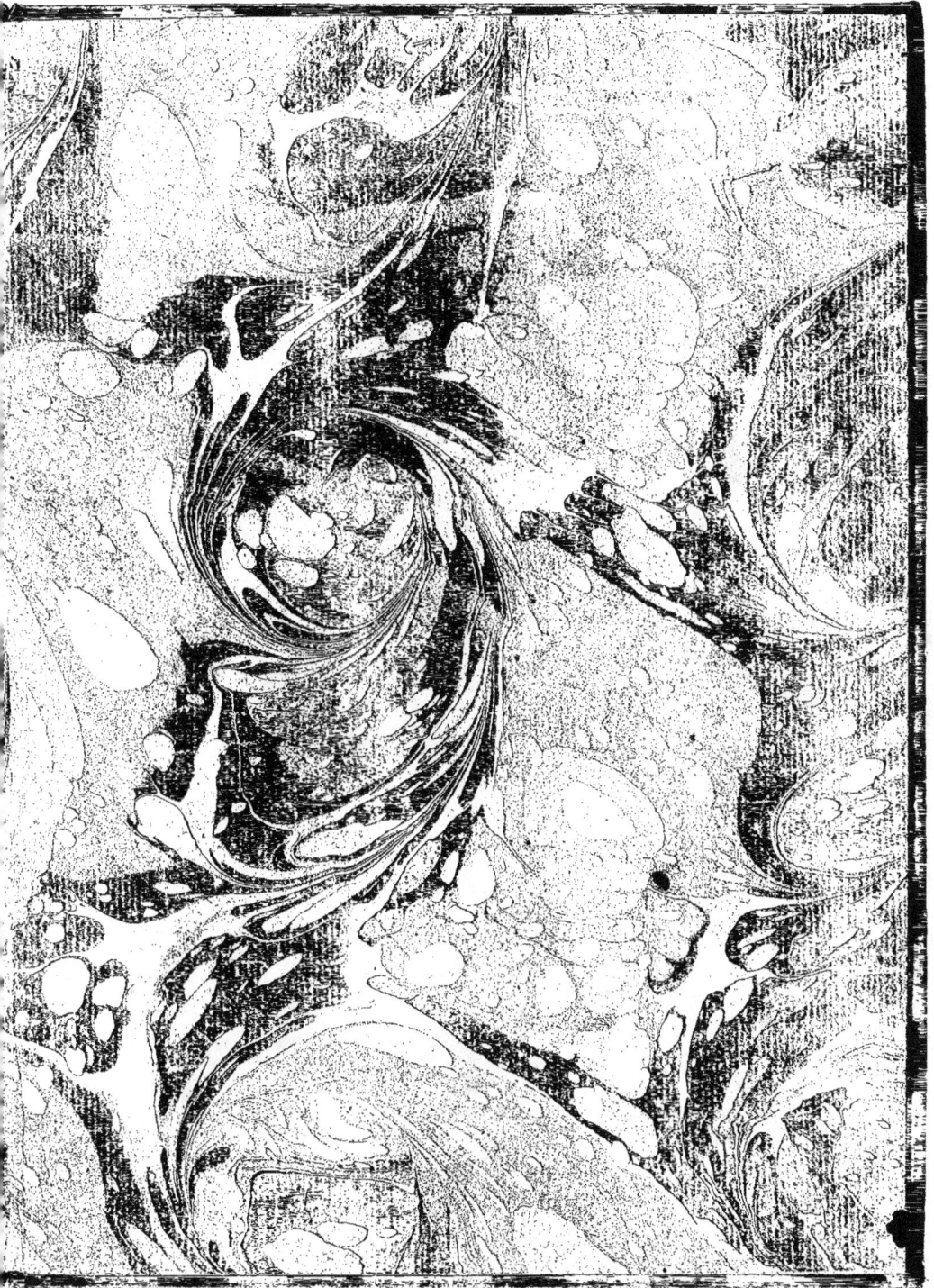

www.ingramcontent.com/pod-product-compliance
Lightning Source LLC
Chambersburg PA
CBHW071418150426
43191CB00008B/954